RICARDO SILVA

ALAVANCANDO NEGÓCIOS
— com seu —
VENDEDOR

CONSTRUINDO PLANOS, MODELO DE TRABALHO, **PROCESSOS**
COMPORTAMENTOS, **CULTURA** E PLANEJAMENTO

Rio de Janeiro, 2020

Alavancando Negócios com seu Vendedor
Copyright © 2020 da Starlin Alta Editora e Consultoria Eireli. ISBN: 978-85-508-1356-1

Todos os direitos estão reservados e protegidos por Lei. Nenhuma parte deste livro, sem autorização prévia por escrito da editora, poderá ser reproduzida ou transmitida. A violação dos Direitos Autorais é crime estabelecido na Lei nº 9.610/98 e com punição de acordo com o artigo 184 do Código Penal.

A editora não se responsabiliza pelo conteúdo da obra, formulada exclusivamente pelo(s) autor(es).

Marcas Registradas: Todos os termos mencionados e reconhecidos como Marca Registrada e/ou Comercial são de responsabilidade de seus proprietários. A editora informa não estar associada a nenhum produto e/ou fornecedor apresentado no livro.

Impresso no Brasil — 1ª Edição, 2020 — Edição revisada conforme o Acordo Ortográfico da Língua Portuguesa de 2009.

Produção Editorial
Editora Alta Books

Gerência Editorial
Anderson Vieira

Gerência Comercial
Daniele Fonseca

Equipe Editorial
Adriano Barros
Ian Verçosa
Laryssa Gomes
Leandro Lacerda
Maria de Lourdes Borges

Revisão Gramatical
Luis Valdetaro
Alessandro Thomé

Produtor Editorial
Illysabelle Trajano
Juliana de Oliveira
Thiê Alves

Assistente Editorial
Keyciane Botelho

Meira Santana
Nathally Freitas
Raquel Porto
Rodrigo Dutra
Thales Silva

Projeto Gráfico/Capa
Joyce Matos

Marketing Editorial
Lívia Carvalho
marketing@altabooks.com.br

Coordenação de Eventos
Viviane Paiva
eventos@altabooks.com.br

Equipe Design
Ana Carla Fernandes
Larissa Lima
Paulo Gomes
Thais Dumit
Thauan Gomes

Editores de Aquisição
José Rugeri
j.rugeri@altabooks.com.br
Márcio Coelho
marcio.coelho@altabooks.com.br

Publique seu livro com a Alta Books. Para mais informações envie um e-mail para autoria@altabooks.com.br

Obra disponível para venda corporativa e/ou personalizada. Para mais informações, fale com projetos@altabooks.com.br

Erratas e arquivos de apoio: No site da editora relatamos, com a devida correção, qualquer erro encontrado em nossos livros, bem como disponibilizamos arquivos de apoio se aplicáveis à obra em questão.
Acesse o site www.altabooks.com.br e procure pelo título do livro desejado para ter acesso às erratas, aos arquivos de apoio e/ou a outros conteúdos aplicáveis à obra.
Suporte Técnico: A obra é comercializada na forma em que está, sem direito a suporte técnico ou orientação pessoal/exclusiva ao leitor.
A editora não se responsabiliza pela manutenção, atualização e idioma dos sites referidos pelos autores nesta obra.
Ouvidoria: ouvidoria@altabooks.com.br

Dados Internacionais de Catalogação na Publicação (CIP) de acordo com ISBD

S586a   Silva, Ricardo
            Alavancando negócios com seu vendedor: construindo planos, modelo de trabalho, processos, comportamentos, cultura e planejamento / Ricardo Silva. - Rio de Janeiro : Alta Books, 2020.
            160 p. ; 16cm x 23cm.

            ISBN: 978-85-508-1356-1

            1. Negócios. 2. Vendas. 3. Planejamento. I. Título.

2020-560   CDD 658.812
                                                                                          CDU 658.814

Elaborado por Odilio Hilario Moreira Junior - CRB-8/9949

Rua Viúva Cláudio, 291 — Bairro Industrial do Jacaré
CEP: 20.970-031 — Rio de Janeiro (RJ)
Tels.: (21) 3278-8069 / 3278-8419
www.altabooks.com.br — altabooks@altabooks.com.br
www.facebook.com/altabooks — www.instagram.com/altabooks

ASSOCIADO
Câmara Brasileira do Livro

Este livro é dedicado a todas as empresas, a seus respectivos vendedores e à equipe comercial — empresas e pessoas que consideram a área de vendas uma arte, a arte de vender.

O principal objetivo deste livro é fazer com que as empresas e a equipe de vendas trabalhem cada dia mais juntas em seus objetivos, buscando sempre a superação dos resultados e visando alguns tópicos descritos que poderão colaborar com esse objetivo.

Os capítulos aqui contidos ressaltam passagens, exemplos, processos e metodologias, porém o mais relevante é a proposta de conexão e sinergia de todos da empresa para com os objetivos de vendas, tendendo ser a chave do sucesso para todos.

Assim, também é possível implementar, com este livro, um modelo comercial, construindo planos, modelo de trabalho, processos, comportamentos, cultura e planejamento.

Sumário

	Introdução	1
1	Acredite em seu vendedor	5
2	Confie muito em seu vendedor	9
3	Seu vendedor é o melhor do planeta	13
4	Não há meta limite para vendas	17
5	O momento solitário do vendedor	21
6	Faça seu vendedor acreditar em sua marca	25
7	O plano de vendas deve ser construído com sua equipe de vendas	29
8	Conquiste a confiança de seu vendedor	33
9	Metodologia em vendas é fundamental	37
10	Tenha um plano estratégico simples e objetivo	67
11	Os "11 passos de vendas"	73
12	A importância da rota de vendas e a completa cobertura de clientes	79

13	Seu vendedor deve ser o mais equipado, de recurso ou de informação	85
14	A postura e o perfil de um grande vendedor	89
15	Uma remuneração variável assertiva faz a diferença	93
16	Crie um programa de reconhecimento de inovação e novas ideias para a área de vendas	99
17	A analogia do "berro do boi"	103
18	Esteja mais preparado que seu comprador	107
19	A negociação, a hora da verdade	111
20	O vendedor deve amar seu comprador	117
21	O poder do encantamento com a venda	121
22	Esteja com seu vendedor quando ele não bater a meta	131
23	O vendedor deve ganhar com a empresa	135
24	Comemore com seu vendedor todas as conquistas, pequenas e grandes	137
25	A equipe de vendas deve ter uma retaguarda forte	139
26	Vendedores têm sonhos	141
27	Seja feliz vendendo e em sua vida	143
	Frases de destaque	145
	Fluxo do sucesso em vendas	147
	Curiosidades e informações	148
	Mensagem final	151
	Agradecimentos	153

Introdução

Este livro é direcionado a todos os amantes de vendas, seja um vendedor de profissão ou não, pois vendemos todos os dias, de todas as formas e de diversas maneiras, sendo que, inconscientemente, desenvolvemos estratégias e metodologias, seguindo ou não o padrão de uma empresa. Vendemos por instinto.

Vender, na minha opinião, é uma arte que pode revolucionar qualquer empresa, negócio ou cenário. O processo de vendas é tão infinito e importante, que uma empresa pode dormir de um jeito e acordar de outro, bastando uma simples estratégia ou negociação para tudo mudar, não somente para a empresa, mas para todos que nela trabalham.

Trabalho desde os 18 anos de idade em empresas que têm a necessidade de executar boas vendas para tocar seus planos e objetivos — é por meio disso que se planeja o ano, definindo, de certa forma, a vida das empresas e de seu pessoal.

Entendi, durante esse período, que essa área é que "puxa" o negócio, ou seja, produzimos produtos ou serviços porque vendemos ou porque temos uma força de vendas já direcionada à meta.

Durante alguns anos, estudei a fundo o vendedor como profissional, mas o entendi melhor quando passei a estudá-lo como pessoa.

Entendo que, em se tratando da área de Gente e Gestão/Recursos Humanos, quando evoluímos no modelo de atuação e processos, passamos a estudar o comportamento humano e o comportamento organizacional; logo, um dos grandes objetivos dos profissionais dessa área está em aproximar esses eixos, pessoas e empresas, como se fossem engrenagens, que, ao rodar em sincronismo e com velocidade, fazem a empresa decolar em resultados, e as pessoas, em desenvolvimento. Não tem erro.

Meus estudos também mostraram que o grande produto da área de vendas são as pessoas, que fazem, e muito, a diferença dentro de uma organização.

Após algumas considerações, passei a analisar com detalhes os casos e as situações em diferentes cenários e a destacar o que funcionava e o que não funcionava nos processos nas diversas áreas de uma empresa.

Tive, então, o privilégio de aplicar algumas metodologias e colher frutos com as ações geradas para a melhoria da sinergia entre empresas e pessoas.

Tendo em vista essas análises, passei a desenvolver e estudar como seria possível vender mais por meio das pessoas. Foi aí que encontrei a chave para qualquer desafio ou meta de vendas. Se o produto de vendas são somente pessoas, então, com processos de Gente e Gestão/Recursos Humanos, é possível ser estratégico e agregar muito para o bom resultado de uma empresa.

Hoje, nossa consultoria de Gente e Gestão, denominada Gente Resultado, tem trabalhado muito no mercado com metodologia e ferramentas que ajudarão as organizações a avançar em seus resultados. Atualmente temos diversos exemplos e casos de sucesso, mas me recordo de nosso primeiro projeto como consultoria na área comercial, na qual trabalhamos a gestão de representantes com ferramentas de PDCA, SDCA e gerenciamento da rotina. Nesse projeto, desenvolvemos e aplicamos algumas ferramentas de gestão, como matriz SWOT, descrição de negócio, tabela de Nemoto, apontamento de anomalias, reunião de resultados, farol de indicadores e meta e plano de ação 5H2H. Após cinco meses de projeto, comemoramos um crescimento em vendas de 21% em um cenário de crise, sem investimentos no negócio. Concluímos que seria possível fazer muito mais, e, com isso, não paramos até hoje.

O que me levou a escrever este livro foi um encontro com dois amigos em um relacionamento de trabalho em um café no centro da cidade onde moro, em 2014. Durante nossa reunião, contei ao amigo José sobre meu primeiro livro, *Gente Resultados*, e após concluir, ele me perguntou como eu havia trabalhado processos de vendas em Gente e Gestão/Recursos Humanos. Assim, relatei minhas experiências e interpretações dos processo sobre vendas e pessoas. Ao terminar, ele me desafiou, no bom sentido, dizendo: "Organize tudo que me disse aqui, considere as metodologias de seu primeiro livro *Gente Resultado — Desenvolvimento de Pessoas e Negócios*, e escreva sobre vendas. Gostei muito de seu ponto de vista e acredito que esse conceito poderá ajudar muito as empresas e pessoas."

Assim, tomei coragem e organizei este projeto, feito com muito carinho e amor, pois entendo que somente assim nossos projetos e planos se realizam.

Espero do fundo de meu coração que gostem e que este livro possa contribuir com suas vendas e seu sucesso profissional, empresarial e também pessoal.

Boa leitura e muito sucesso!

Ricardo Silva

1

Acredite em seu vendedor

"ACREDITAR É O PRIMEIRO PASSO

PARA SEU SUCESSO."

Acreditar em Gente, sem dúvida, tornou-se o início de tudo para mim, pois crer é estar perto do objetivo. Caso contrário, nada acontece.

Certa vez, li um artigo sobre crença que me marcou muito. Eu passava por um momento muito difícil, devido à saúde de meu pai, que estava com uma doença grave: câncer. Quando entrei no hospital, já não enxergava uma luz para o problema. Ao olhar à minha frente, na capa de uma revista de uma pessoa que estava comigo no elevador, li a seguinte frase: "Se tiver somente 1% de chance, tenha 99% de fé. Você pode vencer qualquer situação, basta acreditar."

Essa frase mudou muito nossa vida. Ela trouxe a vitória de meu pai contra o câncer. Vencemos com somente 1% de chance, mas com 99% de fé.

A área de vendas é diferente das demais. Ela, na maioria dos casos, começa o mês com o resultado "zero". Ou seja, na primeira hora do primeiro dia do mês, o resultado de um vendedor ou da área de vendas pode ser zero, e, consequentemente, sua remuneração variável ou comissão também será. Além disso, o que complementa sua renda também está com saldo zerado.

Dessa forma, acreditar na área de vendas é fundamental, inclusive para o próprio vendedor, pois ele tem compromissos financeiros pessoais a cumprir visando sua remuneração variável.

Costumo dizer que esse processo de confiança deve estar além de uma estratégia ou prática, pois, considerando que o produto de vendas é Gente, o vendedor deverá estar sempre tranquilo e focado, pois, se ele não acreditar em vendas, buscará outra forma de sobreviver. Ele precisa vender e acreditar que isso sempre será possível, desde o primeiro dia do mês até os últimos segundos do último dia.

Assim, vejo que as empresas devem criar em seus processos uma forma de dar estabilidade e confiança a seus vendedores, adequando, com isso, seus programas internos. Não há uma "receita de bolo" para essa ação, pois cada empresa e negócio tem diferentes características e modos de operar. O importante é ter processos que transmitam segurança a sua equipe de vendas, pois, como já citei, vendedor tranquilo e focado vende muito, mas muito mesmo.

Conforme mencionei também na introdução, a área de vendas é quem "puxa" a empresa, portanto, acreditar em seu vendedor e nessa área é acreditar em sua empresa e em seus negócios.

Um dia, em uma entrevista interna com um gerente de vendas em um processo de *assessment* (avaliação), perguntei para o entrevistado quais eram suas principais preocupações em seu emprego atual. De forma muito transparente, ele me disse: "Ricardo, estou nesse mercado há 20 anos e passei por algumas experiências interessantes, mas nunca fiz tranquilo um 'carnê das Casas Bahia', pois vendas é assim. Nunca se sabe quando se vai bater as metas, já que existem fatores que fogem de nosso controle: economia, tendências de mercado, PIB, modismo, inflação e outros. Nesse contexto, a perda da venda é evidente."

Fiquei realmente preocupado com o que ouvi, pois um vendedor, quando chega à frente do comprador, deveria estar seguro e confiante. Preocupou-me ainda mais saber que esse é um sentimento comum dessa área no mercado. Talvez, mudando esse item que considero simples, mas importante, pode-se alterar a história e a tendência de uma área, de uma empresa ou até de um mercado.

Amigos, podem apostar: trabalhem a crença em seus vendedores com processos, atitudes, programas, ações assertivas e práticas constantes e terão um avanço significativo em suas vendas e seus negócios.

Acreditar em seu vendedor é acreditar em seu negócio, é prosperar em vendas de forma sólida e constante por meio de seu principal produto de vendas: pessoas.

2

Confie muito em seu vendedor

"NENHUM CONTRATO OU
DOCUMENTO SUBSTITUI A
CONFIANÇA DO OLHO NO OLHO."

A confiança, não somente para a profissão de vendedor, é algo fundamental. No entanto, para o setor de vendas, em se tratando de seu "homem de negócio" diante de seu cliente, seu vendedor deve ter sua total confiança e se sentir verdadeiramente com esse status. Para isso, é importante que se tenha uma política ou regras comerciais em prática constante, de tal forma que expressem esse comportamento da empresa para com o homem de vendas.

A confiança deve partir de um padrão de autonomia e responsabilidade, pois, dessa forma, o negócio cria vida e prospera.

O tema "confiança no mercado de trabalho" já foi e continua sendo alvo de pesquisas e estudos. Em uma reunião com um profissional e sócio de um renomado instituto no Brasil, tive uma aula embasada em um exemplo simples e prático, do qual faço uso desde então.

O chefe pode ir a seu subordinado e dizer: "Por favor, vá até à copa, pegue uma xícara de café, coloque meia colher de açúcar, mexa com cuidado e traga-a para mim rapidamente, para não esfriar." Esse pedido demonstra exatamente um pedido embasado no passo a passo para que se obtenha um resultado assertivo. Outro exemplo para o mesmo caso seria: "Por favor, gostaria de sua ajuda para tomar um café." Nesse caso, o método a ser utilizado para o cumprimento da tarefa ficaria por conta do subordinado, com base na confiança que o gestor tem em seu trabalho.

Esse exemplo transmite um pedido que desafia o subordinado inclusive a fazer o "algo a mais". Testei esse exemplo na prática para checar o comportamento humano. Não deu outra. No segundo modelo, fui surpreendido com um café cremoso acompanhado de um biscoito e um copo com água.

Muitas vezes, em trabalhos com minha equipe, quando tenho uma tarefa importante, faço apenas o pedido. No final, deixo um desafio dizendo: "Surpreendam-me." Podem apostar que funciona muito bem.

Na área de vendas, desenvolver a confiança é algo fundamental para que o vendedor tenha, no momento da negociação, a possibilidade de trabalhar também a criatividade e a inovação. Assim, além de seguir com os processos estabelecidos, ele poderá trabalhar com outras ações para obter no resultado final o "algo a mais". É preciso dar autonomia ao homem de vendas, para que ele possa fazer negócios e, com isso, trazer mais faturamento e resultados.

Essa autonomia, com processos bem definidos, é de suma importância para que o vendedor se sinta no comando no momento da negociação. Outro ponto é que, atualmente, as áreas de compras no mercado estão cada vez mais preparadas para esse momento da negociação. Outra certeza é a de que o comprador testará a autonomia do vendedor para saber se ele tem realmente poder sobre seus processos de vendas, para negociar.

Recordo-me de um evento de vendas que realizamos e no qual a consultoria contratada para a palestra principal executou no palco um exercício de autonomia de um vendedor.

Chamamos ao palco um vendedor, um supervisor, um gerente e um diretor, todos nessa sequência hierárquica de escala e fluxo. No exercício, o palestrante era um comprador e iniciou a negociação, solicitando que o vendedor fizesse a apresentação dos produtos e preços. Na sequência, o palestrante começou a fazer pedidos de cotações por volume estabelecido. Iniciou solicitando o preço para comprar uma caixa do produto. O vendedor de imediato deu seu preço, e, em seguida, o palestrante fez uma nova cotação para comprar 50 caixas. O vendedor deu o preço. Em seguida, o palestrante pediu a cotação para 100 caixas. Também recebeu a proposta, mas, para finalizar, o pediu uma cotação para comprar uma carreta de produtos, pedindo melhor preço. Nessa última proposta, o vendedor disse: "Preciso falar com meu supervisor." O supervisor disse: "Preciso falar com meu gerente." O gerente também disse: "Preciso falar com meu diretor." E, para fechar, o diretor comunicou: "Preciso falar com a presidência da empresa." Esse exemplo foi fatal e é bem comum no mercado. Nessa hora, o vendedor perde força e, muitas vezes, o negócio, pois não tem autonomia para negociar o montante.

Dar autonomia não é algo simples. Requer procedimentos assertivos, políticas aderentes, processos bem definidos e sistemas de controles. Mas é fundamental praticar a confiança e dar poder, com responsabilidade, para seus vendedores. Se tudo estiver em ordem, o mínimo que ele poderá fazer é surpreendê-lo com uma grande venda.

3

Seu vendedor é o melhor do planeta

"**Valorize quem está**
a seu lado,
principalmente no hoje."

Amigos, seu time de vendas deve ser "o time de vendas", ou seja, não há outro igual no planeta. Esse time deve pensar assim, agir assim e ter a confiança da empresa de que é assim.

Quando falamos em disputa de mercado, cada empresa, em seu seguimento, busca trabalhar de forma constante para que seus produtos ou serviços sejam cada dia mais aceitos por seus clientes. Entretanto, na hora da negociação com o cliente, quem pode transmitir energia, confiança e credibilidade e potencializar ainda mais seu produto ou serviço é o seu vendedor, e, para que ele seja esse "algo a mais" para seu produto, precisa estar também com esse espírito e agir dessa forma.

Eu diria que a combinação perfeita seria: um produto com qualidade, um preço justo de mercado, uma estratégia de marketing assertiva, entrega no tempo certo e um vendedor fazendo tudo isso se tornar maior ainda. Imaginem o resultado!

Quando juntamos tudo isso em uma negociação de vendas, basta puxar o relatório e ver como sua participação de mercado está aumentando e suas vendas estão crescendo. Estamos falando de uma potencialização por parte do vendedor.

Muitas vezes, as empresas se preocupam muito com todo esse fluxo de boas práticas, mas trabalham pouco esse conceito de fazer com que sua equipe de vendas melhore sua marca. Deve-se ir além.

Potencializar seu produto ou serviço com a equipe de vendas significa construir juntos um ciclo de processos que se comprometa e que garanta o melhor resultado para a empresa.

Quando comparamos esse conceito com o meio esportivo, vemos com muita frequência os clubes gerando ações de autoconfiança em suas equipes, pois, se a mente já estiver convencida de que é melhor do que seu adversário, 50% do resultado já estará garantido antes do início de uma partida.

Em uma de minhas experiências, discutíamos muitos conceitos, ações e justificativas para o fato de uma equipe de vendas não bater suas metas. Observávamos, nessa fase, que a própria empresa já tinha a concepção de que seu time de vendas não estava apto a alcançar as metas estabelecidas. Sempre questionei esse modelo e entendimento interno, pois essa preconcepção já era sentida pela equipe que ficava convencida de que não era possível reagir frente aos resultados esperados e desafios existentes.

Entretanto, acredito que, com a guerra de mercado, não bater meta em algum momento pode ser uma situação a ser tratada com naturalidade e dentro de uma rotina. É claro que a empresa não pode ficar atrás de suas metas em vendas, pois vendas é quem "puxa" a empresa e o negócio.

Esse conceito não é simples de se praticar, mas é preciso que seja enquadrado como estratégico para que se crie confiança de recuperação rápida para a equipe, conforme detalhado no início deste capítulo. Reforço, ainda, que julgo esse conceito e essa prática relevantes mesmo quando o resultado esteja ruim há mais de um mês, pois, mesmo que haja necessidade de ajustes no time, tudo deve ser trabalhado dentro da confiança e do equilíbrio.

Ouvi uma vez de um amigo empresário, já com anos de experiência e vivência em vendas, que ele não elogiava muito seu time, pois acreditava que, se elogiasse muito, teria de dar aumento de salário ou gratificações.

Isso ocorria na prática, e com o passar do tempo, quando essa empresa passou a perder o mercado, o desespero foi geral. Esse meu amigo chamou todo o time de liderança para gerar ações de reversão, mas o próprio time já não acreditava mais nessas possíveis reversões. Ele me contou que, em uma de suas reuniões de alinhamento para tentar salvar a empresa, o pessoal de vendas se manifestou derrotado e totalmente sem forças para reação. A empresa tentou demonstrar com planos e ações que era possível virar o jogo no mercado, contudo, o time relatou para a presidência o seguinte discurso: "Estamos há anos fazendo coisas e não temos retorno de que fazemos bem. Não somos elogiados e nem tratados como os melhores, mesmo quando a meta é superada. Então, somos isso: não conseguiremos reagir agora. Essa já é uma realidade para nós."

O modo de operar desse empresário lhe custou uma empresa. Por isso, se não temos o melhor time de vendas, temos de fazer com que eles se sintam os melhores. Precisamos reconhecer e enaltecer tudo que há de positivo, ajustar os erros, corrigir rotas, fazer planos de ação, porém nunca deixando de ressaltar as coisas boas de uma equipe. Entretanto, se tivermos um bom time, temos de gerar ações de reconhecimento, expondo essa performance, pois, além de estarmos sendo justos, isso é estratégico para o negócio de uma empresa.

Em todas as áreas, é importante ter o melhor time jogando, pois a equipe e seus colaboradores devem ser iguais a sua marca e seu produto. Devem ser o melhor do mercado. É dessa forma que se ganham campeonatos e se atingem grandes e excelentes resultados.

4

Não há meta limite para vendas

"Nunca limite seu potencial com uma meta. Vá além sempre."

Esse é um conceito que deve ser trabalhado e levado muito a sério, pois quais de fato são nossos limites? Será que temos limites?

Tenho certeza de que não podemos fazer tudo e nem ser melhores em tudo, mas temos dons e talentos, e quando olhamos a nossa volta e enxergamos quantas coisas já foram criadas pelo homem, aí, sim, podemos repensar se temos ou não limites.

Acredito, ainda, que apenas ter dom e talento não resolva. Creio que será sempre preciso ter foco, persistência, insistência, trabalho árduo, dedicação, planejamento, método/gestão e, principalmente, nunca desistir. Juntando tudo isso, creio que o limite, de fato, não existe.

Quando uma empresa projeta um plano anual de vendas ou um plano de marketing, ela sempre considera sua capacidade de produção e entrega para seus produtos ou serviços. Porém, quando a equipe de vendas vai a campo, não é possível ter controle de quanto poderá ser vendido realmente, pois a venda pode acontecer abaixo do planejado, dentro da média programada ou um pouco acima. Mas e se ocorrer algo muito acima do esperado?

Mesmo sabendo que o mercado não está nada fácil, pode ocorrer, sim, uma venda muito mais alta por parte do vendedor. Temos exemplos disso que fizeram história no mercado.

Seguindo esse conceito e essa "possibilidade", sempre que eu discutia internamente com as áreas de operação, industrial e logística, alertava a todos sobre essa possibilidade. Inclusive quando se concluíam os planos mais relevantes e elegíveis ao risco, eu dizia: "Legal, amigos. Vamos em frente com esse planejamento, mas lembrem-se de que a área de vendas não tem meta limite." Era uma forma de deixá-los sempre alerta para uma possibilidade, mesmo que fosse pequena, pois seria importante planejar, ter de produzir e entregar muito mais do que nossa capacidade atual e planejamento comercial. Logo, cabe ressaltar que, considerando os desafios de mercado em vendas, esse seria um problema que, com os devidos filtros, toda empresa gostaria de ter.

Um dia, em umas de minhas entrevistas com um diretor financeiro de mercado para uma vaga em que eu estava recrutando, perguntei a ele por que a empresa na qual ele trabalhava por 20 anos, sendo gigante de mercado, tinha um Ebitda (Lucros Antes de Juros, Impostos, Depreciação e Amortização — Lajida, da sigla em inglês para *Earning Before Interest, Taxes, Depreciation and Amortization*) e lucro bruto tão grandes e expressivos, tanto que eram considerados um dos melhores e mais expressivos do mercado, considerando as grandes empresas do Brasil.

Ele me respondeu: "Ricardo, como diretor financeiro dessa empresa, digo que esse tão expressivo e extraordinário resultado de Ebitda e lucro bruto não vem somente de ações providas da área financeira — é claro que gerimos muito bem nosso orçamento, custos/despesas e tabela de preços —, mas esse resultado vem mesmo da área de marketing. Todas as vezes que nossa empresa tem dificuldades no mercado e em resultados, seja de qualquer indicador, principalmente quando o lucro e o saldo de caixa não vêm, a área de marketing entra firme em campo, gera algumas ações com planejamento e estratégias, e o resultado volta. Nosso marketing e nossa força comercial são tão fortes, que tem gerente de fábrica na nossa empresa que, quando está em casa com sua família em um domingo à noite e assiste a uma propaganda de nossa marca ou produto na televisão, já pega suas coisas, dá um tchau para família e vai para a fábrica produzir mais do que o planejado, pois ele sabe que, no dia seguinte, a empresa venderá muito."

Esse profissional relatava como uma área comercial pode, do dia para a noite, mudar a vida de todos que trabalham em uma empresa. Isso reforçava meu entendimento com os gerentes de fábrica, pois um bom marketing, um plano de negócio comercial e uma boa execução de campo podem mudar tudo e a vida de todos.

Também me recordo de discussões e planejamentos que tivemos sobre programas de metas para vendas. Lembro-me de alguns planos que elaboramos com metas de excelência.

Nesse caso, discutíamos sobre a alocação de metas que partiam de no mínimo 80% de atingimento, chegando a 200%. Era chamado de teto de excelência. Esse conceito de elevar ao extremo sempre foi muito questionado, mas sempre que o aplicamos, nunca deu errado.

Passei a defender esse conceito após uma entrevista de resultado com um vendedor, em uma certa ocasião. Naquele momento, estávamos passando por uma grande dificuldade de mercado. Ao fazer uma apuração geral das metas por vendedor, constatamos que em média **20%** estavam abaixo de 50% do resultado da meta, **30%** estavam entre 51% a 80%, **25%** estavam de 81% a 110%, e que os restantes **25%** da equipe estavam com o resultado acima de 120% da meta. Ao analisar um cenário como esse, imediatamente todos buscam de forma automática um plano de recuperação para o grupo que está abaixo de 80% do resultado. No entanto, minha ideia foi um pouco mais otimista, pois, além de fazer um plano de recuperação para os que estavam abaixo dessa porcentagem, sugeri um plano de reconhecimento para potencializar os resultados de quem já estava acima de 100% e 120%.

O raciocínio era o de recuperar um vendedor que estava com um resultado muito abaixo do esperado. Seria um trabalho árduo! Era preciso, era urgente recuperar sua autoestima. Foi feito um plano de recuperação para isso, e se obteve um bom resultado.

Foi realizado também um plano de potencialização para se atingir até 200% da meta, já que a autoestima dessa equipe estava alta e todos permaneciam confiantes, afinados e preparados.

Não deu outra! Venderam muito mais ainda e contribuíram de forma muito significativa para o bom resultado global da empresa. Todos entenderam que sempre era possível ir além, sem limites, pois, quanto mais se vende, mais se pode ganhar.

Comento isso porque, quando se trabalha em um modelo de comissão, não há problemas. O modelo já estimula esse conceito. Quando se fala em remuneração variável, normalmente para a equipe própria e interna de vendas ou para modelos semelhantes ao citado, remunera-se também com prêmios, campanhas, bônus, participação nos resultados, programas de meritocracia ou até com plano de carreira para promoções.

Em suma, este capítulo pode se juntar ao primeiro. Acreditemos na equipe de vendas em todos os sentidos para obtermos resultados nunca vistos. O ser humano é capaz de se adaptar a tudo e de fazer coisas incríveis, coisas nunca realizadas e nem pensadas, estimulando a criatividade, a excelência em resultados, a inovação, as atitudes positivas. Tudo isso poderá vir a ser a estratégia de negócios com resultados excelentes para muitas organizações.

5

O momento solitário do vendedor

> "EXISTEM MOMENTOS EM
> NOSSA VIDA EM QUE ESTAR
> SÓ NÃO É UMA ESCOLHA OU OPÇÃO."

Todo vendedor tem seu momento solitário, pois, apesar de fazer trabalhos em conjunto com seus pares, com seu chefe ou com outras pessoas de áreas de apoio, quando ele chega à frente do cliente para negociar, está simplesmente só. Não há outro status para esse momento, mesmo representando uma empresa com muitos funcionários. O momento da negociação é o momento solitário de cada vendedor.

Essa é a hora em que ele tem em mãos uma marca, um produto, um serviço, um histórico, uma tabela de preço, as condições de entrega, enfim, ele está equipado e preparado para a negociação. Porém, para que todo o processo de negociação aconteça, tudo depende somente dele, inclusive para que concretize a venda e atinja o objetivo.

Quando se pensa dessa maneira, a geração ou providência de algumas ações por parte da empresa pode minimizar esse momento solitário e gerar mais sucesso na negociação. Portanto, seguem algumas ações que julgo importantes para esse propósito:

- Dê todo tipo de informações úteis para o vendedor.

- Forneça um plano de negócio em que ele acredite e que também tenha comprado.

- A liderança deve transmitir confiança, respaldo e suporte no caso de possíveis erros.

- Os setores de apoio devem cumprir os compromissos acordados na venda, para garantir a credibilidade e continuidade nas vendas.

- O vendedor deve receber da empresa todo o recurso sistêmico e de infraestrutura.

- Treine seu vendedor ao máximo para o momento da negociação. Estratégias e táticas fazem a diferença.

- Os processos estabelecidos para vendas devem ser planejados antecipadamente.

Outro momento que, em algumas situações, leva solidão para o vendedor é aquele em que ele está em campo. Entretanto, quem trabalha dentro de uma empresa não se sente só, pois, mesmo que esteja sozinho em uma sala ou em um setor, sabe que tem gente em uma portaria, no restaurante, na recepção, no Financeiro, no Contábil, no Recursos Humanos ou em outras áreas, o que transmite a segurança de ter alguém por perto. Já a vida no campo, para o vendedor que trabalha nesse modelo externo, é um pouco diferente. Por mais que você encontre e converse com muita gente, a solidão existe, no sentido da falta de equipe de trabalho e de coletividade.

Essas situações e os tema mencionados neste capítulo podem parecer simples, mas já ouvi e vi muita carência emocional nesse sentido. É importante cuidar desse item com muito empenho e dedicação, pois, quando falamos em gente, esse produto deve ser muito bem cuidado e muito bem tratado, pois está nele a chave de muitas portas no mercado.

6

Faça seu vendedor acreditar em sua marca

"Acreditar em uma marca está além de seguir uma política comercial."

Toda empresa de grande, pequeno ou de médio porte, seja de produtos ou serviços, alocados ou não em gôndolas, ou sendo ela uma simples prestadora de serviço, de qualquer formato ou característica, todas possuem sua "marca".

Se uma marca não está formatada em um modelo padrão com cores ou design, mesmo nunca sendo divulgada, mesmo assim, pode apostar que ela está de alguma forma presente no negócio.

Ouvi uma vez de um empresário o seguinte: "Não tenho marca nem propaganda. Meu silêncio e modelo discreto são minha atratividade." Para o nicho de mercado dele, isso realmente era a chave do sucesso; em se tratando de marca, sem dúvida, essa já era a sua. Ser discreto era a atratividade e era uma marca muito forte para aquele negócio. Eu trouxe à tona esse caso meio exagerado para mostrar que sempre existe uma marca. Ela está em tudo e pode aparecer de qualquer maneira.

Outro ensinamento que compartilho é o de que devemos tomar muito cuidado com o problema da qualidade, para que não se torne sua marca. Existem diversos exemplos no mercado em que uma empresa pode ser rotulada como ruim por causa de frequentes problemas que comprometem a marca. Entretanto, há empresas que fizeram da excelência de qualidade sua marca registrada e ganharam mercado de maneira forte e rápida. Você chega a ouvir no mercado: "Compre da marca XXX. Tudo que fazem é bom."

No que diz respeito ao marketing para potencializar uma marca e vendas em conjunto, já vi muitas propagandas e campanhas serem lançadas sem uma pesquisa junto à equipe interna e externa de vendas, e, por isso, não deram certo ou não atingiram a meta esperada, devido à não aderência e assertividade.

Assim, trago este item com muita preocupação, pois, após o plano de marketing, quem utilizará esse produto para vender mais é o vendedor, e se esse plano não for algo de que ele necessita para alavancar suas vendas, de nada o ajudará.

Acredito muito que o vendedor pode fornecer muitos *inputs* interessantes e assertivos para o fortalecimento de uma marca. Quando ele está vendendo, na frente de um consumidor ou do próprio cliente, é justamente no momento da negociação que se ouvem todas as possíveis sensibilidades de seu produto ou serviço, pois faz parte da negociação ressaltar os defeitos para ganhar em preço e condições.

Em uma de minhas experiências no início de carreira, participei de um trabalho no qual a área de marketing, ainda muito simples, em início de formação, fez uma análise SWOT (ferramenta de qualidade voltada para levantamento de forças, fraquezas, fortalezas e ameaças) na equipe de vendas para sentir o momento e cenário, porque tinha o objetivo de lançar uma estratégia de propaganda e marketing assertivos para gerar mais vendas.

Foi um trabalho maravilhoso e vitorioso, feito em equipe, pois nunca se gastou tão pouco e se obteve tanto resultado. Vários fatores contribuíram para o sucesso: objetividade, foco no que é importante, produção do material necessário, ataque nos pontos fracos e nas ameaças e aproveitamento de oportunidades. Muita coisa deu certo. Entretanto, o que mais se destacou foi o fato de que o produto gerado não era um produto somente da área de marketing, mas também era um produto gerado pelos próprios vendedores, ou seja, era um "filho" deles, e filho se cria com muito amor e carinho. O resultado desse trabalho retrata esse sentimento.

É importante se ter no mercado um vendedor que acredita e compra sua marca e usa diversas estratégias interessantes.

Existem muitos exemplos de empresas que fazem com maestria e genialidade o lançamento de novos produtos e de novas propagandas, no qual os vendedores recebem o grande impacto da marca e dos produtos a serem vendidos. As empresas também usam cenários impactantes, com atores contratados e lançamentos em convenções com muito show envolvido. Confesso, porém, que os casos que vi funcionar com mais sucesso foram aqueles em que se trabalhou em conjunto.

Seu vendedor deve respirar sua marca, e isso é algo muito forte. Respirar uma marca seria seguir o modelo romântico de um amigo que, quando sua esposa lhe perguntava se a amava, ele respondia: "Amo somente nos momentos em que respiro." É um exemplo simples, porém define muito bem como deve ser a relação entre marca e vendedor.

Um trabalho que também ajuda muito é o desenvolvimento de um programa de endomarketing específico para fortalecimento da marca. Nesse programa, devem-se incluir diversas ações com criatividade que reforcem internamente a marca e produto trabalhado. Deve haver um calendário anual de ações e ferramentas totalmente ligadas aos objetivos estratégicos e de trabalho.

Fazer seu vendedor acreditar em sua marca ou produto não significa impor algo que não existe, pois há no mercado produtos e serviços de todos os níveis e formatos. O importante é ter transparência com seu vendedor e alinhar com ele a estratégia e os pontos fortes existentes.

Uma vez fiz um teste com um representante de uma marca em uma gôndola de supermercado. *Perguntei a ele por que eu deveria comprar seu produto*, sendo que era inferior ao do concorrente. Foi um diálogo muito interessante, e ele sempre tinha um argumento para minhas colocações. Após muita conversa, ele me convenceu citando o custo-benefício do produto, a proposta que ele trazia sobre esse item e também por que acreditava de verdade naquilo, apesar de a empresa ter deixado claro que o produto era inferior a outros. Segundo ele, sua força para o convencimento do cliente era citar o custo-benefício detalhado tecnicamente, com análises e informações, e, assim, seu produto se tornaria imbatível no mercado.

Finalmente, amigos, é possível, ainda, definir muitas estratégias e gerar ações sobre este capítulo, mas o mais importante de tudo é fazer com que seu vendedor acredite de fato em sua marca e em seu produto. Se ele acreditar, 50% da venda já estará garantida.

7

O plano de vendas deve ser construído com sua equipe de vendas

"O SER HUMANO GOSTA
DE SER ENVOLVIDO,
NÃO APENAS COMUNICADO."

Construir um plano de vendas é fundamental para o correto direcionamento e modelo de atuação de sua empresa. Nesse plano, é importantíssimo estar contidos os principais objetivos estratégicos de negócio, os objetivos comerciais, as metas, o entendimento das fraquezas, as ameaças, as forças, as oportunidades, a participação de mercado por região ou setor, a política de preços, o posicionamento estratégico de mercado, o plano de negócio, as condições de entrega, as políticas e as informações diversas que contemplem as características do negócio. É necessário planejar e prever tudo que for possível.

No entanto, é de suma importância que a equipe da operação/campo esteja envolvida na construção desse plano de vendas, pois esse é ele quem define a vida profissional do vendedor, e muito do que funciona e não funciona está nas experiências adquiridas diariamente no campo de batalhas das negociações.

Um dos fatores importantes desse trabalho em conjunto é que o plano de vendas virará o plano de vida profissional do vendedor, sua forma de atuação, e, nesse caso, ele "respirará" esse plano em seu dia a dia.

Em um dos projetos de que participei, presenciei um plano de vendas com o qual os vendedores não concordavam por completo ou no qual não acreditavam 100%. Segundo eles, o formato engessava muito a autonomia do vendedor no momento da negociação, sendo que também havia questionamentos quanto à política e aos preços.

Nesse caso, não julgo que o modelo desenhado e descrito estivesse errado ou com falhas, inclusive era um ótimo material, mas, pelo fato de o plano ser uma diretriz direta da alta direção com demanda apenas de cumprimento e não aberto para discussão quanto ao formato e modelo de pequenos detalhes, era nítido que haveria uma predisposição ou paradigmas estabelecidos.

Com esse exemplo, reforço a necessidade de envolvimento da equipe de vendas na construção do plano, mesmo que seja em alguma parte do trabalho, pois a contribuição é necessária, tendo em vista não só as experiências e vivências, mas também o intuito de buscar, através da construção em equipe, o patrocínio e a aderência ao modelo desde o início. Um fator que me recordo desse exemplo é o crescimento em algumas regiões do país. O plano direcionava alguns índices na região Norte, e a equipe de campo entendia que a marca era mais aderente para o crescimento no Centro-Oeste. Cabia, então, uma aproximação para que houvesse apenas um ajuste de estratégia e foco, a fim de que, no final, a empresa crescesse como um todo.

Também acredito que o plano de vendas tem de ser muito transparente, visto que deve partir do princípio de que está sendo feito para o cumprimento por pessoas nas quais confiamos, pois somente assim o plano se torna aderente para ser seguido por todos. Caso seja algo muito específico em virtude de alguma característica de negócio ou modelo de atuação, deve-se investir energia na comunicação e no desdobramento, já que existem muitas formas e estratégias para gerar compromissos e engajamento, tendo em vista os principais objetivos: "No final do dia, temos de fechar com muitas vendas."

8

Conquiste a confiança de seu vendedor

"CONQUISTAR A CONFIANÇA
É EXERCITAR UM PACOTE COMPLETO
DE QUALIDADES HUMANAS."

Como já mencionado, a confiança é fundamental para todos os processos, mas, neste caso, quero reforçar a ação de conquistar a confiança de seu vendedor e de sua equipe de vendas.

O primeiro passo que considero importante é garantir a estabilidade da equipe quanto ao próprio emprego ou contrato, pois, sendo a área de vendas a mais intensa de todas, vive-se de resultados, e, nesse caso, quando o resultado não é bom, um número elevado de desligamento pode desestabilizar a equipe e até uma empresa, refletindo inclusive na própria marca.

Também, no mercado em geral, é considerada bastante elevada a rotatividade de profissionais na área de vendas, o que causa um rótulo ruim nesse sentido para a gestão de pessoas como um todo.

Uma gestão mensal por resultados, seguindo metodologias, pode ser um ponto importante para a transparência de metas, resultados e perenidade de trabalhos, pois, com métodos de acompanhamento, é possível estabelecer expectativas, prazos, métricas e planos de ação quando necessários, elevando a relação para resultados, ações de desenvolvimento e transparência, caso haja um não atendimento de expectativas.

Um dos pontos que também julgo muito relevante nesse item seria a geração de ações que estimulem o comportamento mental positivo quanto às metas estabelecidas — trata-se do fato de a gestão confiar de verdade em sua equipe para a obtenção de resultados, gerando uma comunicação interna em suas rotinas que chegue a esse sentimento de conquista e a um espírito de vencedor.

Outro fator importante é como trabalhar o "erro". Gostaria de mencionar que, no passado, quando dirigia uma grande equipe, uma de minhas gerentes me posicionou que um gerente de fábrica havia descumprido uma política interna da empresa, errando no processo e em suas responsabilidades. Ela, então, havia marcado com ele uma reunião sobre o assunto e disse que agiria com rigor. Aconselhei-a, então, a ajudá-lo a corrigir o erro. Ela ficou assustada no momento e disse: "Chefe, ele errou e precisa ser punido severamente." Sugeri que o ajudasse a reconhecer seu erro e não o julgasse tão severamente, para que ele pudesse melhorar, voltar a crescer e a ter confiança em seu potencial. O resultado foi fantástico para todos e, principalmente, para a empresa.

O fato de ajudarmos alguém quando esse ocorre um erro é uma válvula de geração de confiança.

Considerando minha vivência no meio corporativo, concluo que conquistar a confiança é um processo mais difícil do que confiar. Gerar confiança é construir uma relação e processos que gerem respostas, já que estamos tratando de uma relação com pessoas. Mesmo sendo difícil, entendo que é o melhor e mais seguro caminho para resultados sólidos e consistentes.

9

Metodologia em vendas é fundamental

> "**Metodologia em vendas é um diferencial competitivo do vendedor.**"

Como menciono em nossos trabalhos, uma empresa somente funciona com gente e processos. Deu problema? Pode procurar, que se deparará com alguma anomalia em gente ou em processos.

Após alguns anos de trabalho de suporte junto a áreas comerciais, notei que a aplicação de processos e metodologias em vendas é um pouco menor do que nas demais áreas das empresas. Esse fator, que deriva do modelo e perfil do profissional de vendas e do próprio modelo comercial em si, fomenta um ambiente mais descontraído e de maior liberdade de agendas.

Em um dos projetos de gestão que implantei com meu time, conseguimos em curto espaço de tempo implementar um modelo de gestão em 142 áreas internas. O maior desafio era a área comercial, que, por sua vez, tinha um modelo de aproximadamente 400 vendedores externos e com faturamento acima de 2 bilhões/ano. Esse projeto passou por diversas implantações de metodologias, mas a que gerou maior resultado foi o gerenciamento da rotina com as ferramentas de PDCA (Planejar, Fazer, Verificar e Agir, da sigla em inglês para *Plan, Do, Check, Act*) e SDCA (Padronizar, Fazer, Verificar e Agir, da sigla em inglês para *Standart, Do, Check, Act*).

Um segundo projeto de destaque na área comercial foi para uma grande empresa com foco na expansão para o e-commerce. Também utilizamos ferramentas de gestão, porém o maior resultado veio da formatação e no desenvolvimento da estrutura organizacional com desdobramento de comitês funcionais estratégicos, passando por mercado, finanças, gente-gestão, operações, custos e qualidade.

Destaco que, após a implantação, o resultado foi expressivo, com ganho de mercado e faturamento para ambos os projetos, pois a metodologia encurta caminhos e gera ações assertivas.

Após esses dois projetos, implementamos diversos modelos em diferentes negócios, e também o resultado não foi outro: ganho de mercado e crescimento do faturamento.

Então, acredito muito que metodologia em vendas é fundamental para o avanço e para a conquista de resultados nunca alcançados.

A seguir, destaco algumas das ferramentas que mais recomendo para a área de Vendas:

Ciclo SDCA

a. **S**tandard = Padronizar: o nível **S** do SDCA se refere a políticas, manuais, procedimentos operacionais padrão e instruções operacionais padrão que ajudarão a reduzir a dispersão dos resultados.

b. **D**o = Executar: o nível **D** se refere à execução dos padrões, ou seja, trabalhar de acordo com os manuais e procedimentos definidos. Para a realização da etapa de execução, é necessário treinar os envolvidos na integração na função.

c. **C**heck = Verificar: o nível **C** do SDCA se refere à realização de *check* conforme a definição de todos os processos, as ferramentas e as atividades.

d. **A**ct = Atuar: no nível **A** do SDCA, os resultados corrigidos durante o acompanhamento da rotina e as medidas que conduziram à solução da anomalia devem ser padronizados, iniciando o novo ciclo de SDCA. É importante entender que o **SDCA é um ciclo** e os padrões devem ser constantemente retroalimentados.

Nesse sentido, julgo importante a formatação da área de vendas de processos que gerem a estabilidade da operação e consistência das ações, seguindo o fluxo sugerido.

Ciclo PDCA

É um ciclo de análise e melhoria criado por Walter Shewhart, em meados da década de 1920 e disseminado para o mundo por Deming. Essa ferramenta é de fundamental importância para a análise e melhoria dos processos organizacionais e para a eficácia do trabalho em equipe, bem como para a correta identificação das anomalias e dos desvios encontrados.

O Ciclo PDCA é uma ferramenta gerencial de tomada de decisões para garantir o alcance das metas necessárias à sobrevivência de uma organização, sendo composta das seguintes etapas:

Plan =Planejar

- Diagnóstico da situação atual — meta x realização = desvio.
- Identificação do problema.
- Realização das análises do fenômeno.
- Negociação de objetivos.
- Realização das análises dos processos.
- Construção dos planos de ação.

Do = Executar

- Execução dos planos de ação.

Check = Verificar

- Avaliação dos resultados frente às metas.

- Identificação dos possíveis desvios.

- Certificação dos resultados;

Act = Atuar

- Executar ações corretivas.

- Aperfeiçoamento dos padrões.

- Padronização.

O ciclo do PDCA poderá ser utilizado de diversas maneiras, pois o importante será a aplicação do conceito através do ciclo estabelecido. Porém, após alguns anos trabalhando com essa ferramenta, consegui filtrar algumas ferramentas e compor um grupo que acreditava muito nessa forma. Seguem algumas sugestões.

Tendo em vista a importância que julgo que essa metodologia pode ter para o sucesso da área de vendas, gostaria de detalhar a inclusão de algumas ferramentas que agregam ao ciclo do PDCA.

Plan – Planejar

Brainstorming

O brainstorming é uma ferramenta associada à criatividade e é, por isso, preponderantemente usada na fase de planejamento (na busca de soluções). Esse método foi inventado por Alex F. Osborn, em 1939, quando ele presidia uma importante agência de propaganda.

Essa ferramenta é usada para que um grupo de pessoas crie o maior número de ideias acerca de um tema previamente selecionado. Seu nome deriva de *brain* (mente) e *storming* (tempestade), que se pode traduzir como tempestade cerebral. É também usada para identificar problemas no questionamento de causas ou para se fazer a análise da relação causa-efeito.

O brainstorming pode ser de dois tipos:

- Estruturado: todos os integrantes devem dar uma ideia quando chegar sua vez na rodada ou passar a vez até a próxima rodada. Isso evita a preponderância dos integrantes mais falantes, dá a todos uma oportunidade igual para contribuir com ideias e promove um envolvimento maior de todos os integrantes, mesmo os mais tímidos. O brainstorming termina quando nenhum dos integrantes tem mais sugestões e todos "passam a vez" em uma mesma rodada.

- Não estruturado: qualquer integrante lança ideias à medida que elas vão surgindo na mente. Tende-se a criar uma atmosfera mais relaxada, mas também há o risco de os integrantes mais falantes dominarem o ambiente. Torna-se mais fácil para certos integrantes pegar carona nas ideias dos outros. Termina quando nenhum integrante tem mais o que dizer e todos concordam em parar.

Um brainstorming é realizado em seis etapas básicas:

- Construir a equipe: a equipe deve ser definida. Geralmente, participam os membros do setor que buscam envolver o problema. Eventualmente, pessoas criativas de outros setores da empresa, reunidas em torno da uma mesa, devem indicar uma pessoa para secretariar (facilitadora) a reunião, isto é, anotar as ideias que cada membro vai ditando.

- Definir foco e enfoque: foco é o tema principal, o assunto. Frequentemente está associado a um resultado indispensável (problema) ou a um desafio que se quer vencer. Definido o foco, é necessário estabelecer o enfoque, que mostrará como o foco será abordado. Por exemplo: se o foco for "férias", podemos abordá-lo de ângulos distintos (enfoques), tais como:

  - Onde vamos passar as férias?

  - O que podemos fazer para diminuir nossas despesas nas férias?

- Geração de ideias: o que importa nesta etapa é a quantidade de ideias geradas. Não importa a "qualidade".

  - O exercício deve se centrar no único foco já clara e previamente definido.

  - As ideias emitidas nesta etapa devem ser anotadas pelo facilitador e devem ficar isentas de críticas. Pode-se dizer que quanto mais "potencialmente disparatada" for uma ideia, melhor, pois mais facilmente induzirá a criatividade para a solução. O objetivo nesta etapa é emitir ideias que possam ser associadas a outras já emitidas.

  - O participante deve emitir qualquer ideia, sem nenhum exercício de censura quanto às próprias e quanto às dos demais. Ela deve ser formulada mesmo que em um primeiro instante pareça ridícula.

  - O facilitador deve anotar as ideias emitidas pelos participantes sem qualquer crítica. Quando emiti-las, deve expressá-las em voz alta e anotá-las.

- Periodicamente, o facilitador faz a leitura de todas as ideias até então anotadas. Ao término de um determinado período de tempo (de 10 a 20 minutos), elas começam a rarear, e o facilitador pode propor o encerramento, passando-se para a etapa seguinte.

- Crítica: nesta etapa, o que se objetiva é a qualidade. Isso é obtido através de uma primeira crítica às ideias geradas. O facilitador as lê uma a uma, e, em conjunto, é feita uma primeira análise:

  - A ideia está voltada para o foco do problema? Se sim, ela continua; caso contrário, é riscada (eliminada).

- Agrupamento: uma vez selecionadas as ideias em consonância com o foco, estas são agrupadas por "parentesco" ou semelhança de conteúdo, de forma a gerar subtítulos ou múltiplas respostas.

- Conclusão: feita uma análise dos tópicos, subtítulos ou respostas, deve-se selecionar aqueles que, combinada ou isoladamente, respondem à questão exposta no foco.

Matriz GUT

Essa matriz é uma forma de se tratar problemas com o objetivo de priorizá-los. Leva em conta a gravidade, a urgência e a tendência de cada problema.

- Gravidade: impacto do problema sobre coisas, pessoas, resultados, processos ou organizações, e efeitos que surgirão no longo prazo, caso o problema não seja resolvido.

- Urgência: relação com o tempo disponível ou necessário para resolver o problema.

Metodologia em vendas é fundamental

- Tendência: potencial de crescimento do problema, avaliação da tendência de crescimento, redução ou desaparecimento do problema.

- A pontuação de 1 a 5, para cada dimensão da matriz, permite classificar em ordem decrescente de pontos os problemas a serem atacados na melhoria do processo.

- Esse tipo de análise deve ser feito pelo grupo de melhoria com colaboradores do processo, de forma a estabelecer a melhor priorização dos problemas. Lembrando que deve haver consenso entre os membros do grupo.

- Após atribuída a pontuação, deve-se multiplicar G x U x T e encontrar o resultado, priorizando de acordo com os pontos obtidos.

	GRAVIDADE	**U**RGÊNCIA	**T**ENDÊNCIA
5	Os prejuízos ou dificuldades são extremamente graves	É necessária uma ação imediata	Se nada for feito, o agravamento será imediato
4	Muito grave	Com alguma urgência	Vai piorar em curto prazo
3	Graves	O mais cedo possível	Vai piorar a médio prazo
2	Pouco grave	Pode esperar um pouco	Vai piorar a longo prazo
1	Sem gravidade	Não tem pressa	Não vai piorar ou pode até melhorar

A seguir, um exemplo da Matriz GUT para aplicação frente às necessidades.

Matriz GUT

Organização:						
Processo:						
Problemas		**G**	**U**	**T**	Total	Priorização
1						
2						
3						
4						
5						
6						
7						
8						

Diagrama de Ishikawa

Objetivo

O diagrama de Ishikawa leva esse nome em homenagem a seu criador, Kaoru Ishikawa, que desenvolveu essa ferramenta na década de 1940. Ela se apresenta como uma ferramenta de qualidade muito eficiente na identificação das causas e dos efeitos relacionados com a maioria dos problemas detectados em uma organização. A exemplo do que ocorre na maioria das empresas, os pontos fracos acabam por gerar inúmeras dificuldades e problemas operacionais, com grandes e inevitáveis reflexos negativos sobre o meio organizacional.

Os diagramas espinhas de peixe têm também um papel decisivo na identificação de possíveis novos gargalos com os quais se dão o bom funcionamento das engrenagens e os consequentes tempos de prosperidade para toda a organização. No entanto, uma implementação bem-sucedida do diagrama espinha de peixe requer a adoção de alguns procedimentos, dos quais a empresa não deve abrir mão:

Descrição do método

As causas ou os fatores são representados por setas que concorrem para o efeito que está sendo estudado. As causas ou os fatores complexos podem ser decompostos em seus mínimos detalhes, sem, com isso, perder a visão de conjunto. Normalmente, os processos são analisados a partir de seis grandes grupos de fatores:

- **Máquina:** inclui todos os aspectos relativos a máquinas, equipamentos e instalações, que podem afetar o efeito do processo.

- **Método:** inclui todos os procedimentos, as rotinas e as técnicas utilizadas, que podem interferir no processo e, consequentemente, em seu resultado.

- **Material:** inclui todos os aspectos relativos a materiais, como insumos, matérias-primas, sobressalentes, peças etc., que podem interferir no processo e, consequentemente, em seu resultado.

- **Mão de obra:** inclui todos os aspectos relativos a pessoal que, no processo, podem influenciar o efeito desejado.

- **Medida:** inclui a adequação e a confiança nas medidas que afetam o processo, como aferição e calibragem dos instrumentos de medida.

- **Meio ambiente:** inclui as condições ou os aspectos ambientais que podem afetar o processo. Além disso, sob um aspecto mais amplo, inclui a preservação do meio ambiente.

Em geral, as **causas** são levantadas em reuniões do tipo brainstorming. As causas mais prováveis podem, então, ser discutidas e pesquisadas com maior profundidade.

- Identificar todos os problemas existentes, para posterior análise e avaliação, estabelecendo as prioridades de acordo com o tamanho do estrago que cada um deles vem causando na empresa.

- Identificar o maior número possível das causas geradoras dos efeitos (problemas) detectados, fazendo-o de forma participativa, ou seja, promovendo discussões com os colaboradores e estimulando-os a apresentar uma tempestade de ideias (brainstorming) que poderão contribuir na solução dos problemas.

- Esta é a etapa da montagem do diagrama. À frente (no "bico" do peixe), coloca-se o efeito, e nos elementos da espinha, colocam-se as causas, de modo a facilitar a visualização de todas e permitir um ataque preciso ao âmago da questão, com ferramentas e mecanismos adequados, para eliminar de vez os gargalos e suas fragilidades.

- A última etapa consiste em analisar minuciosamente as inúmeras causas de cada efeito encontrado, agrupando-as por categoria — as comumente conhecidas por 6 EMES (Método, Mão-de-obra, Material, Máquina, Medida e Meio ambiente). Essas categorias podem variar de acordo com o tipo de problema que está sendo analisado. No caso do policiamento comunitário, podemos utilizar categorias como: vítimas, agressores, comunidade etc.

Cumpridas essas quatro etapas, é só arregaçar as mangas e mãos à obra.

Metodologia em vendas é fundamental

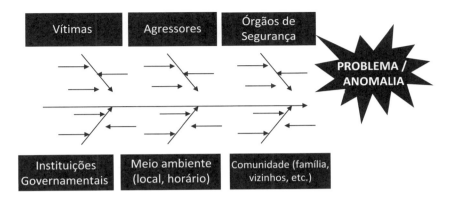

Para a implementação do diagrama espinha de peixe, não há limites. As organizações que preferem ir além dos padrões convencionais podem identificar e demonstrar em diagramas específicos a origem de cada uma das causas do efeito, isto é, as causas das causas do efeito. A riqueza de detalhes pode ser determinante para uma melhor qualidade dos resultados do projeto. Quanto mais informações sobre os problemas forem disponibilizadas, maiores serão as chances de livrar-se deles.

A partir deste momento, saímos da etapa de análise de processo e iniciamos a etapa de melhoria deste.

Os cinco porquês

É uma ferramenta também utilizada para se descobrir a causa raiz dos problemas e que ajudará na geração de um plano de ação assertivo e focado.

Os cinco porquês é uma ferramenta que poderá trazer resultados grandiosos e surpreender o usuário em sua correta aplicação.

Dessa forma, essa ferramenta é aplicada de maneira simples para as ocorrências, gerando um ciclo contínuo com a pergunta: por quê?

Vejamos dois exemplos simples de problemas do cotidiano, como o caso de uma criança chorando. Dessa forma, tentaremos encontrar a causa raiz do choro através dessa metodologia.

Exemplo I

1 – Por que a criança está chorando?

R: Porque está com fome.

2 – Por que a criança está com fome?

R: Porque não mamou.

3 – Por que a criança não mamou?

R: Porque acabou o leite.

4 – Por que acabou o leite?

R: Porque não foi comprado.

5 – Por que o leite não foi comprado?

R: Porque não foi incluído na lista de compras do mês.

Resultado: a criança está chorando porque a lista de compras tem uma falha em sua construção. Nesse caso, a causa raiz é a lista de compras, e o plano de ação será gerar assertividade na geração e uma conferência mais precisa.

Exemplo II

Seguindo para o exemplo de um problema de manutenção industrial, temos a seguinte análise:

1 – Por que a máquina não funciona há sete dias?

R: Porque não temos a peça para realizar a manutenção.

2 – Por que não temos a peça para realizar a manutenção?

R: Porque não foi comprada.

3 – Por que a peça não foi comprada?

R: Porque o analista de manutenção não a incluiu na demanda de compras.

4 – Por que o analista de manutenção não a inclui na demanda de compras?

R: Porque o analista de manutenção está de férias e não deixou um substituto.

5 – Por que o analista de manutenção não deixou um substituto?

R: Porque não existe um processo definido para programação e substituição de funcionários em férias.

Resultado: nesse exemplo, a causa raiz do problema é a falta de ajuste do cronograma/programação de férias e dos processos de substituição do analista de manutenção para o período de ausência de férias. Portanto, o problema final foi a geração de falta de produto pela não produção desse equipamento.

Adiante, um exemplo de planilha que poderá ser utilizada:

5 Porquês		
PROBLEMA	0	

POR QUÊ?	MOTIVO	O QUE FAZER?
0		

Por quê?		Motivo		O que fazer?
0				

Do = Executar

Plano de ação 5W2H

Após descobrir as causas raízes dos problemas e anomalias, mediante o uso das ferramentas citadas anteriormente, deveremos elaborar alternativas e descrever as soluções mais relevantes para implementá--las, fazendo as seguintes perguntas da ferramenta 5W2H:

- WHAT? = O QUÊ?
- WHEN? = QUANDO?
- WHO? = QUEM?
- WHERE? = ONDE?
- WHY? = POR QUÊ?
- HOW? = COMO?
- HOW MUCH? = QUANTO?

Para cada uma das soluções priorizadas, poderão ser estabelecidas as metas de melhoria a serem alcançadas. O estabelecimento de metas é importante para constatar o nível de melhoria a ser incorporado ao processo, a partir da causa do problema que foi priorizada para ser eliminada. Esta etapa permite não só explicitar o nível de resultado esperado, como também programar as atividades para a implementação da melhoria.

Metodologia em vendas é fundamental

Deve-se indicar na fase de planejamento as providências a serem tomadas relativas às oportunidades e necessidades de melhorias, metas/objetivos, revisão do processo, controles e medidas, responsabilidades, cronograma, etapas de implantação e necessidades de recursos.

Este passo tem o objetivo de implantar a melhoria do processo e avaliar se os problemas foram solucionados e se todo o conjunto está funcionando conforme previsto.

Recordo-me de alguns momentos do mercado sobre gestão: ter indicadores era o ponto mais alto de uma pirâmide. Depois vinha a colocação de metas desafiadoras, e na sequência, ter um plano de ação tornou-se moda. Na atualidade, ter um plano de ação assertivo é o maior desafio. Para isso, é necessário fazer uso de metodologias aderentes. Para problemas ou anomalias consideradas não crônicas, o caminho deverá ser direto pelo ver e agir e pela inclusão no plano de ação, caso haja anomalias e problemas considerados crônicos. Deve-se recorrer ao ciclo do PDCA para ir ao encontro da causa raiz do problema/anomalias. Dessa forma, o plano de ação deverá ser preenchido e gerenciado por inteiro e, se possível, estar na gestão bem à vista da área/departamento.

A seguir, um modelo básico para utilização.

			PLANO DE AÇÃO GERAL - 5W2H							GR
Item	Causa	Qual é a ação a ser executada? WHAT	Como a ação será executada? HOW	Por que a ação será executada? WHY	Onde a ação deverá ser implementada? WHERE	Quando a ação deverá ser concluída? WHEN	Quem é o responsável? WHO	Quanto (R$)? HOW	Obs.:	Status
1										
2										
3										
4										
5										

Check = Verificar

Check de resultados e soluções

O check de resultados e soluções é a etapa mais importante de verificação da eficácia do plano de ação para a consolidação dos resultados e do aprendizado.

Devem ser utilizados fatos e dados para entender se a ação proposta alcançou os objetivos satisfatórios em sua geração. Devemos utilizar, de preferência, indicadores que comprovem sua eficácia. A seguir, um gráfico simples de exemplo.

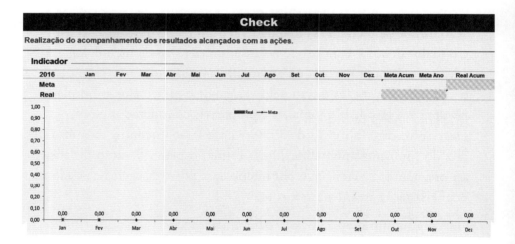

Act = Atuar

Padronização

Quando o PDCA atingir os resultados esperados, devemos padronizar as ações tomadas (*Act*). Deve-se, então, revisar e criar os padrões necessários para sustentar os resultados alcançados.

A seguir, um modelo de planilha para controle e aplicação:

Padronização	
Ação	Padronização: Descrever aqui qual procedimento ou rotina que foi retroalimentada com esta ação (plano de manutenção, procedimento, manuais, etc.)

Matriz SWOT

SWOT é uma sigla oriunda do idioma inglês. É um acrônico de Forças (*Strengths*), Fraquezas (*Weaknesses*), Oportunidades (*Opportunities*) e Ameaças (*Threats*). É uma ferramenta utilizada para fazer **análise de cenário ou análise de ambiente**, sendo usada como base para gestão e planejamento estratégico de uma corporação ou empresa, mas podendo, devido a sua simplicidade, ser utilizada para qualquer tipo de análise de cenário, desde a criação de um blog à gestão de uma multinacional. A análise SWOT é um sistema simples para verificar a posição estratégica da empresa no ambiente em questão.

Na aplicação da área de vendas, minha sugestão seria utilizar a ferramenta para duas rotinas:

a. **Formatação do plano estratégico de vendas**: conforme diretriz e modelo de trabalho, essa ferramenta poderá ser utilizada para a formatação de um plano que compreenda o entendimento interno e externo, considerando a capacidade da empresa, o potencial de seu produto ou serviços e de sua força de vendas, e também o entendimento do mercado quanto a clientes, concorrência, economia, tendências, hábitos do consumidor e outros, para o desenvolvimento e estratégia e modelo de atuação.

b. **Gestão da rotina:** essa ferramenta também poderá ser utilizada para compor as ações e o plano de trabalho da rotina de uma área de vendas, podendo ser avaliada mensalmente considerando as metas de sua área. Dessa forma, é possível utilizar o plano mensal de vendas fazendo a formatação e atualização da ferramenta, verificando os desafios como um todo.

Em um dos projetos de gestão que liderei, a equipe de vendas tinha como rotina, por meio de seu gestor, fazer uma análise mensal, via matriz SWOT, de sua área e propor as ações pertinentes conforme o resultado. A matriz SWOT era utilizada na reunião entre gestores, sendo que, no início da reunião de resultados, cada "dono de área" apresentava a SWOT de sua área e o plano de ação pertinente.

Após o desenvolvimento da matriz SWOT, minha sugestão de ações era:

- **Forças:** reforçar a rotina atual de sua área com processos e procedimentos para que os pontos positivos sejam mantidos.

- **Fraquezas:** para todos os pontos negativos apontados, deve-se fazer de imediato um plano de ação para combater as fraquezas. Seguindo a metodologia, esse plano de ação pode ser aplicado com a ferramenta ver e agir. Isso para os casos não crônicos. Já para os pontos negativos no qual a causa raiz não é conhecida, ou seja, para causas crônicas, recomendo a aplicação do método PDCA (veja modelo básico de plano de ação na página 52).

- **Oportunidades:** para as oportunidades apontadas, considerando que serão ações para implementação, minha sugestão seria a formatação de projetos com objetivos de resultados relevantes e com metodologia de acompanhamento.

    Caso haja ações simples, não configuradas como projetos, é possível aplicar também o plano de ação e gerar resultados.

- **Ameaças:** para as ameaças apontadas, será necessária uma maior priorização de tempo e recursos, pois neste item pode estar a ruptura de um grande negócio ou a não entrega dos resultados. Nesse caso, recomendo a aplicação de plano de ação via ver e agir ou via o ciclo de PDCA, e para os casos de maior complexidade, o desenvolvimento de projetos bem estruturado com metodologias para acompanhamento e solução de problemas.

A seguir, modelo da matriz SWOT.

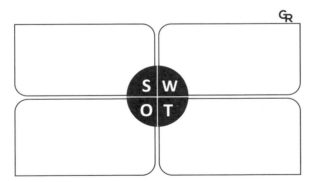

Apontamento de anomalias

O que é anomalia?

É toda e qualquer situação em que o resultado obtido não é o esperado. É tudo que for "diferente" do usual ou normal.

Tendo em vista minhas passagens profissionais, concluo que toda empresa ou área apresenta uma frequência de geração de anomalias em seus processos. Dessa forma, relatar, analisar e eliminar é um grande desafio, mas a conquista de um excelente resultado está nessa ação.

Acredito que poderá ser utilizado de forma útil e eficaz na área de vendas, considerando algumas possíveis anomalias, como segue:

- Lacuna negativa da meta de vendas.
- Não positivação de clientes.
- Problemas de qualidade do produto ou serviço.
- Preço elevado.
- Mix de produtos.
- Família de produtos.
- Problemas de logística.
- Não atingimento do ticket médio.

Anomalias simples (dia a dia)

São anomalias ou efeitos indesejados gerados pelo não cumprimento de padrões ou quaisquer desvios relacionados ao processo.

Essas anomalias são identificadas na execução das atividades do dia a dia na ocorrência de não conformidade ou desvio (**SDCA**).

Anomalias crônicas

São anomalias que se repetem e que apresentam grande impacto no resultado da área.

Essas anomalias se tornam crônicas quando não são solucionadas na rotina.

Metodologia em vendas é fundamental

A seguir, um modelo de relatório de apontamento e tratamento de anomalia.

Formulário de relato e tratamento de ANOMALIAS

1. Identificação

Nome do relator	Cargo	Área	Região

Data da anomalia	Outras informações relevantes

2. Observação — Descrição da anomalia

Efeito da anomalia

( ) Adm ( ) Cliente ( ) Produto ou Serviço ( ) Sistemas ( ) Logística ( ) Preço ( ) Qualidade ( ) Outros

1 - O que aconteceu? (Descrever que fato ou problema está acontecendo, qual é a anomalia.)

2 - Onde aconteceu? (Descrever que local e quais os fatores associados que influenciam a ocorrência da anomalia.)

3 - Quando? (Descrever em que momento ocorreu a anamolia, ou seja, caracterização da possível influência que o momento exerça sobre a ocorrência da anomalia.)

4 - Quem? O problema pode ser relacionado à habilidade ou à mão de obra?

5 - Qual a tendência da ocorrência da anomalia? Qual o processo, método, produto, material, utilização, componente está associado à ocorrência da anomalia? Qual a periodicidade?

6 - Como? (De que maneira se manifesta a anomalia? Como é a mudança do estado normal para o anormal? Como é percebida essa mudança de estado?

AÇÕES IMEDIATAS:

3. Plano de ação

O QUE FAZER?	QUEM?	QUANDO?	STATUS

Rotina de vendas

Considerando o modelo de trabalho e de rotina estabelecidos para a área de vendas, sendo que, para a maioria dos negócios, apresenta-se um modelo no qual o vendedor tem uma rotina externa, criar metodologias que gerem disciplina, foco e gestão do tempo contribui muito para a geração de resultados. Essa ferramenta denomina-se rotina de vendas e contribui muito para a criação de rotinas estratégicas para o vendedor.

Em um dos projetos que geri com minha equipe para a área de vendas, tínhamos um modelo nacional com estruturas externas utilizadas por região. Nossa dificuldade na ocasião era criar um modelo único para todo o Brasil, padronizando no modelo as melhores práticas internas e de mercado. Na ocasião, fizemos um *benchmark* na empresa Ambev, sendo essa uma referência no mercado de gestão. Descobrimos que compartilhávamos da mesma necessidade, isto é, criávamos rotinas na área de vendas do campo. Então, decidimos fazer internamente um trabalho simples, objetivo, mas bem direcionado. Sugerimos inicialmente algumas agendas diárias, semanais e mensais:

Diário

- **8h**: escrever um e-mail para o gestor da rota de vendas do dia.

- **17h:** envio do relatório para o gestor das vendas realizadas.

Semanal

- **Segunda-feira – 8h:** reunião de toda a equipe para planejamento das ações da semana e desdobramento das metas semanais.

- **Segunda-feira – 9h:** mapeamento e planejamento de clientes.

- **Segunda-feira – 10h:** construção da agenda e rotina da semana.

- **Segunda-feira – 11h:** análise e estudo da concorrência.

- **Quinta-feira:** envio do relatório de análise de preço da concorrência.

- **Sexta-feira – 12h:** envio do relatório de anomalias da semana.

- **Sexta-feira – 15h:** reunião de toda a equipe para apresentação das anomalias da semana, com foco nos indicadores de não positivação das vendas.

- **Segunda a sexta-feira:** execução de vendas em campo.

Mensal

- **Dia 5:** reunião de resultados com gestor e equipe.

- **Dia 10:** treinamento da academia de vendas (treinamentos periódicos conforme plano estratégico).

- **Dia 15:** fechamento quinzenal das metas e plano de ação para o final do mês.

- **Dia 20:** agenda para rodar o PDCA do mês considerando o objetivo destacado.

- **Dia 28:** desdobramento das metas do mês seguinte.

Essa rotina que estabelecemos na ocasião gerou para o time de vendas um foco mais estratégico, planejado e com uma gestão assertiva do tempo. Após a implantação em todas as regiões, a área de suporte corporativo (administração de vendas) passou a obter informações relevantes de ponta e também a participar mais da rotina de campo de vendas. Com isso, tivemos avanços significativos em resultados com maior venda e satisfação do cliente. Esse trabalho gerou um desenvolvimento mais criativo para os profissionais, pois, além do conhecimento vasto que tinham da área, passaram a incluir em suas experiências um processo mais estratégico e metodológico.

A seguir um modelo de formulário:

ROTINAS DE VENDAS																																		
ATIVIDADES DIÁRIAS					**PERÍODO**																													
Item	Atividades da rotina	Objetivo	Tempo	Local	1	2	3	4	5	6	7	8	9	10	11	12	13	14	15	16	17	18	19	20	21	22	23	24	25	26	27	28	29	30	31
1.1																																			
1.2																																			
1.3																																			
1.4																																			

	ATIVIDADES SEMANAIS				PERÍODO				
Item	Atividades da rotina	Objetivo	Tempo	Local	Semana - 1	Semana - 2	Semana - 3	Semana - 4	Semana - 5
2.1									
2.2									
2.3									
2.4									

	ATIVIDADES MENSAIS				MENSAL
Item	Atividades da rotina	Objetivo	Tempo	Local	
4.1					
4.2					
4.3					
4.4					

Em suma, o uso dessa ferramenta deve ocorrer com ações simples e direcionadas, com foco na gestão do tempo e em resultados. Deve-se iniciar, se possível, um teste em um setor, departamento ou até mesmo em um cargo, verificar a aderência e os resultados e, na sequência, fazer a implantação por completo. Uma boa comunicação inicial ajuda muito na conscientização, pois é uma rotina que gera mudanças significativas na vida profissional.

Gestão e desdobramento de metas

Quem não mede não gerencia. Essa é uma verdade que muitos utilizam e que, sem dúvida, é a maior verdade que existe no meio profissional e de gestão.

Todos nós, mesmo na vida pessoal, precisamos de metas, pois nos dão a direção para o alvo e objetivos desejados. É esse caminho que percorremos para a realização de nossos sonhos. Ouvi uma frase em uma palestra que nunca mais esqueci. O professor perguntava: O que é o futuro? A resposta era: Deve ser uma seta indicando um futuro próspero. Dessa forma, traduzindo em gestão, seria a concepção de que todos nós devemos ter nossas metas bem definidas e um plano de ação para atingir tais metas

No conceito de gestão para vendas, menciono que o correto e assertivo desdobramento de metas é fundamental para um resultado excelente, pois nele está contido toda a estratégia e as ações em busca do sucesso.

Destaco adiante alguns conceitos importantes:

META = OBJETIVO – VALOR – PRAZO

O que são metas de melhoria?

As metas de melhoria são oportunidades identificadas no processo que devem ser perseguidas pela equipe ao longo de um período predeterminado, sob a liderança de um responsável. Podem vir de diretrizes estratégicas ou de falhas repetitivas no processo (crônicas).

O que são metas para manter?

As metas para manter visam estabelecer um bom controle do processo, garantindo a previsibilidade dos resultados através de práticas gerenciais que possibilitem a padronização e capacitação no trabalho, diagnóstico do cumprimento dos padrões, sistemática de avaliação de resultados e tratamento dos desvios.

Premissas estratégicas

- Plano de voo: meta de faturamento (volume/R$).

- Posicionamento/crescimento em *marketshare*.

- Posicionamento estratégico.

- Estratégia de marketing.

- Plano orçamentário considerando os custos/despesas sobre a ROL (Receita Operacional Líquida).

- Indicadores econômicos de impacto.

- Novas estruturas.

- Projetos do ano.

Premissas técnicas

- Faixa de atingimento de metas com amplitude de 80% a 120%.

- 120% da meta estabelecida deverá levar em consideração um crescimento de excelência atingível.

- Nenhum indicador deverá ter um peso inferior a 10%.

- Toda meta de equipe terá o indicador de orçamento da área.

- Todo gerente deverá receber o indicador de Ebtida, segurança no trabalho e de projetos.

- As áreas de suportes (staff) deverão receber indicadores de performance das áreas clientes ou, até mesmo, o resultado da performance da equipe (ex.: TI deverá receber em sua meta de equipe o resultado da equipe do comercial).

- Para metas individuais ou de equipe com elegibilidade a algum modelo de remuneração (anual/mensal), a quantidade mínima de indicadores deverá ser de no mínimo quatro e no máximo seis.

- Devem-se evitar indicadores com medição subjetiva. Se possível, utilizar indicadores quantitativos e financeiros.

Fluxo de geração de metas

Farol, book, radar ou planilha de metas

Seguindo os processos anteriores, após todo o trabalho de planejamento e proposta de indicadores e metas, temos de formalizar, controlar e fazer sua gestão. Cabe à área responsável gerar o melhor formato e modelo para atingimento e superação, visto que as rotinas propostas nos capítulos anteriores referentes ao SDCA e rotinas de vendas devem contribuir, e muito, para esse fim.

Na formatação desse farol, book ou planilha de metas, sugiro que tratemos sempre de forma simples e objetiva desse controle, bem como, quando elegível, de gerar um acompanhamento mensal e acumulado do ano.

Indicadores para acompanhamento dos resultados

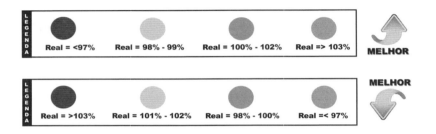

A seguir, um exemplo do farol de indicadores e metas.

Pilares	IC/IV	Indicadores	Responsável	Unid.	Acumulado Ano				Janeiro			
					Meta	Real	%	Farol	Meta	Real	%	Farol
GENTE												
VENDAS												
LOGÍSTICA												
FINANCEIRO												
MARKETING												
PROJETOS												

Resumindo, acredito muito que as melhores metodologias são as mais simples, pois o simples pode se tornar sofisticado e assertivo.

Ao longo de minha carreira, também concluí que o segredo de uma boa metodologia de gestão é aquele que gera "utilidade", utilizando-a para a tomada de decisão. Esse é o ponto mais importante.

10

Tenha um plano estratégico simples e objetivo

O plano estratégico é uma área do planejamento empresarial que facilita a gestão de uma empresa, pois auxilia na definição de objetivos e estratégias para alcançar esses propósitos, sendo, por isso, uma parte crucial do empreendedorismo. Portanto, ter um plano estratégico bem definido, de forma simples e direta, é de suma importância para o avanço do negócio.

Existem cinco passos para fazer um planejamento estratégico de sucesso. São eles:

1 – Defina seu objetivo. O ponto de partida será definir a missão, a visão e os valores da empresa.

3 – Faça um diagnóstico do mercado, entendendo bem seu posicionamento atual.

4 – Descubra seus pontos fortes e fracos.

5 – Construa um plano de ação e monitore cada passo.

Quais são as etapas de um planejamento estratégico?

a. Análise SWOT – pontos fortes, fraquezas, oportunidades e ameaças.

b. As partes interessadas identificam as maiores questões e os objetivos.

c. Revisar a missão, a visão e os valores da empresa.

d. Desenvolver planos de ação (se possível, anuais).

e. Estabelecer o orçamento.

f. Executar e monitorar.

Existem muitas ferramentas e metodologias de trabalho que ajudam na elaboração do plano estratégico. Ao longo de minha carreira, testei inúmeras, e não acredito que exista uma única assertiva, pois varia muito do negócio e de sua necessidade.

Dessa forma, após algumas experiências, juntei esse modelo sequencial e consegui ter muitos resultados.

Vejamos a seguir um resumo gráfico.

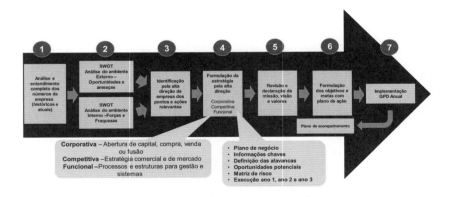

Tenha um plano estratégico...

Por etapas:

1

Análise e entendimento completo dos números da empresa (históricos e atuais)

Nessa etapa, serão analisadas dos últimos três anos, as seguintes informações:

- DR - Demonstração do resultado do exercício
- Balanço patrimonial
- Faturamento (R$ e Unidade)
- Ticket médio
- Despesas e custos
- Organograma e detalhes da mão de obra
- Produtos e serviços
- Estoque
- Clientes e fornecedores

2

SWOT

Análise do ambiente externo – oportunidades e ameaças

SWOT

Análise do ambiente interno – forças e fraquezas

Entendimentos com metodologias de gestão nas seguintes frentes:

- SWOT junto a todas as áreas internas para os cargos relevantes e de liderança
- SWOT junto à área Comercial de campo
- SWOT junto aos clientes
- Pesquisa junto ao consumidor
- Realização de cliente oculto
- Análise da concorrência
- Análise de mercado

69

Alavancando negócios com seu vendedor

3

Identificação pela alta direção da empresa dos pontos e ações relevantes

Apresentação para a alta direção, sócios e conselheiros, quando aplicável, de todas as análises e informações realizadas nas etapas 1 e 2. Essa apresentação deverá ser bem direcionada e objetiva.

4

Formulação da estratégia pela alta direção

Corporativa – Abertura de capital, compra, venda ou fusão

Competitiva –Estratégia comercial e de mercado

Funcional –Processos e estruturas para gestão

Tendo em vista as análises para a composição corporativa, competitiva e funcional, a alta direção deverá desenvolver e dar diretrizes para:

- Plano de negócio
- Informações chaves
- Definição das alavancas
- Oportunidades potenciais
- Matriz de risco
- Execução ano 1, ano 2 e ano 3

5

Revisão e declaração da missão, visão e valores

Considerando que a cultura organizacional se resume a sua Missão, visão e valores, após a definição da estratégia pela alta direção, deverá ocorrer a formatação ou revisão da cultura, para ser disseminada em toda a empresa para garantir modelo único, padronizado e direcionado de atuação de todos os níveis da organização.

Tenha um plano estratégico...

Formulação dos objetivos e metas com plano de ação

Considerando as definições anteriores, deverá ocorrer o correto desdobramento das metas para todos os níveis da organização, podendo ser aplicado o GPD – Gerenciamento pelas Diretrizes. Além do desdobramento das metas, deverá ocorrer o fator mais importante, que será o Plano de Ação 5W2H para atingi-las, considerando assertividade, responsável e prazo.

Implementação GPD – Gerenciamento pelas Diretrizes

Durante o ano, deverá ocorrer mensuração, acompanhamento e análise de todos os resultados e cumprimento do GPD e plano de ação.

Existem muitas ferramentas e metodologias de trabalho que ajudam na elaboração do plano estratégico, porém considero esse modelo mostrado algo muito simples e assertivo para resultados. Logo, fica muito fácil trabalhar internamente com seu vendedor esse modelo e garantir maior aderência e cumprimento do plano pela área comercial.

11

Os "11 passos de vendas"

"COM PROCESSOS, GANHAMOS VELOCIDADE, ASSERTIVIDADE E AVANÇOS EM RESULTADOS."

Mesmo com a aplicação do "Método" em vendas, para que todo o processo possa ser devidamente gerenciado e direcionado para as corretas decisões, ainda acredito que o momento da venda, o famoso "*face to face*" entre vendedor e comprador seja um momento único e de extrema importância para a boa negociação. Dessa forma, saber o momento certo para cada ação na venda faz toda a diferença.

Tive a oportunidade de gerenciar em São Paulo um grande projeto no varejo ao assumir a Diretoria Executiva de uma empresa com mais de 400 lojas próprias distribuídas pelo país e com liderança total de mercado.

Era um desafio muito grande, tendo em vista o modelo de negócio estabelecido e o *status* financeiro, mas, sem dúvida, foi um projeto muito especial e diferente de todos.

O grande desafio desse projeto era padronizar o modelo de atendimento, gerando qualidade, uniformidade, consistência, assertividade, aumento do tíquete médio, fidelização do cliente e aumento do faturamento como um todo.

Após termos ajustado o Recrutamento e Seleção, tanto para contratação, demissão e promoção, e executado o *assessment* em todos os gestores de loja, construímos o padrão "Passos de Vendas". Nesse modelo de atuação para atendimento ao varejo, os passos eram:

Esse projeto no varejo foi fantástico. Após um ano de muito trabalho, com treinamentos via EaD e *workshops* presenciais em todo o país, a empresa recebeu um prêmio nacional pelo *Estadão*, que elegeu a empresa como a terceira melhor do Brasil em processos de vendas com experiência de compras, principalmente no foco de atendimento. Com isso, as vendas cresceram em uma escala muito relevante.

Tendo em vista esse modelo, iniciei com meu time de consultores a aplicação desse modelo para outros modelos de mercado, pois cada negócio requer uma adaptação e personalização. Mas, no geral, o processo passa por alguns pilares, como:

Os "11 passos de vendas"

- Método para preparação e planejamento.
- Estudo do cliente.
- Postura e apresentação.
- Demonstração de produtos ou serviços.
- Argumentação.
- Fechamento da venda.
- Fidelização do cliente.
- Pós-vendas.

Pensando também em um modelo único, construímos os "11 passos de vendas", para aplicação em qualquer negócio, mas sujeito à personalização. Vejamos:

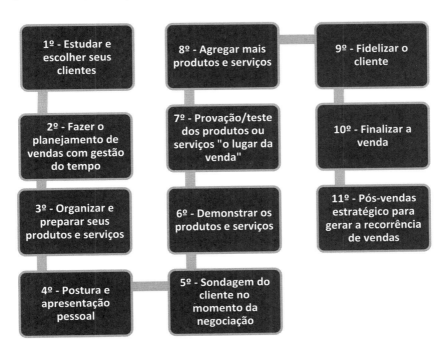

75

Após alguns anos trabalhando com times de vendas, foi possível concluir que, por mais simples e básico que seja um fluxo com sequências inteligentes, o resultado será melhor, porque basta avaliar seu entorno e notar quando você acaba comprando mais do que planejava pelo fato de o vendedor ser eficiente, pois ele soube ordenar os processos.

Em um projeto em São Paulo, capital, frequentei por algum tempo uma padaria na região da Vila Olímpia. Vi esse estabelecimento trocar de dono quatro vezes em um espaço de aproximadamente dez meses. Daí, não aguentei e, em uma oportunidade que tive, sugeri ao proprietário um processo simples. Ele teria de seguir alguns passos, como:

- Treinar a postura e abordagem no momento do atendimento.

- Oferecer com assertividade os produtos com maior valor e rentabilidade, aumentando o tíquete médio.

- Gerar um segundo e terceiro ciclo de pedidos, ou seja, a recorrência dentro da loja.

- Expor com mais assertividade os produtos no caixa para a "compra de impulso".

- Gerar, através da cozinha, um aroma de comidas, como pizza, pão de queijo, café e outros, conforme cardápio e estratégia.

- Treinar o operador de caixa para agregar mais venda no fechamento da conta.

- Fazer uma mensuração diária dos produtos mais vendidos e dos que foram deixado de vender devido à falta de estoque, direcionando o estoque àquilo que mais vende.

Em pouco tempo, vi esse estabelecimento prosperar e ganhar faturamento, por isso acredito muito que os processos e fluxos bem estabelecidos são fundamentais e estratégicos para a alta performance em vendas.

Entretanto, esse processo somente funciona com muito treinamento e forte aplicação, sendo necessário criar, de forma persistente, materiais de treinamento, usando recurso de impressões, áudio e vídeo.

Também é necessário haver um processo que entre no fluxo de trabalho para contratados e promovidos para funções que fazem uso, tornando-se o processo parte da rotina.

Outro ponto importante é a checagem de resultados. É uma forma de trabalhar com cliente oculto para verificar o atendimento. Essa metodologia ajuda a checar a aplicabilidade e também a corrigir rotas.

Essa metodologia, além de garantir o padrão do atendimento assertivo, também ajuda a integrar nas funções novos vendedores de maneira mais rápida e eficiente, gerando resultados e vantagem competitiva para o negócio.

12

A importância da rota de vendas e a completa cobertura de clientes

"Fazemos a diferença quando estamos presentes."

Esse item é mais aplicável ao modelo de vendas de campo, em que o vendedor é elegível ao trabalho que chamamos como o "porta a porta", ou seja, a cobertura de vendas direto no cliente.

Defino cobertura em clientes da seguintes forma: "Estar presente em todos os territórios planejados, em todos os clientes potenciais existentes, atendendo a todas as necessidades no tempo e no giro de estoque exigidos atualmente, contemplando o *mix* de produtos e serviços estipulados, garantindo a fidelização com a melhor experiência de compras do mercado."

Para entender se seu negócio está indo bem no quesito cobertura, sugiro sempre a aplicação deste diagnóstico, pontuando cada item de 0 a 10:

1. Estou presente em todos os territórios e locais planejados?
2. Atendo a todos os clientes potenciais existentes?
3. Atendo no tempo e no giro de estoque exigido atualmente?
4. Vendo todo o *mix* de produtos e serviços estipulados?
5. Garanto a melhor experiência de compras do mercado?

Se o resultado médio acima desses 5 itens gerou uma nota acima de 7,5, significa que seu negócio tem uma ótima competitividade de mercado.

Um estudo realizado por um instituto renomado nesse mercado de vendas analisou a carteira de clientes de mais de mil indústrias e distribuidoras, e revelou que, em média, 50% da carteira de clientes dessas empresas é composta por clientes inativos.

Uma oportunidade para dobrar o número de clientes é olhar para "dentro da própria casa".

Ao analisar a carteira desses clientes por tamanho e localização e cruzar com informações da frequência de atendimento, fica evidente que a força de vendas das indústrias e distribuidoras concentram-se em prestar um bom atendimento para clientes, sendo eles grandes e pequenos e que estejam próximos, e quando a distância entra na "equação", o atendimento se torna mediano ou ruim.

Ainda relatando o resultado dessa pesquisa, destaco a seguir mais dois fatores relevantes:

- **81% dos líderes de equipes comerciais não têm rotas preestabelecidas para seus times, ou seja, não há gestão.**

- **62% dos vendedores e representantes comerciais não têm uma rota mensal estruturada para seguir.**

Entendo e concluo com essas informações que, sem uma rota estabelecida, o profissional pode estar deixando de alcançar grandes oportunidades de vendas.

Nesse sentido, entendo que o mercado passou por grandes alterações ao longo do tempo em fatores importantes e que há grande relação com o tema da performance de cobertura. A seguir, um pequeno comparativo do antes e depois:

Alavancando negócios com seu vendedor

Item	Antes	Depois
Prazo médio de estocagem do varejo	60 dias	10 dias
Periodicidade média de compras	20 dias	3 dias
Canais de compras de lojista no varejo	Venda presencial com o vendedor direto	Venda presencial com o vendedor direto Televendas E-commerce lojista
Quantidade de lojas e opções	Poucas	Muitas com diversas opções de escolhas
Modelo e características de lojas	Regionais / Locais	Grandes redes Expansão de franquias Modelo Internacional
Modelo de relacionamento	Olho no olho	Olho no olho Telvendas E-commerce

Tendo em vista essas mudanças e alterações no comportamento de vendas, julgo de extrema importância trabalhar esse tema de planejamento, para a roteirização em campo, de forma contínua e com persistência, pois pode ser uma grande alavanca para seu negócio.

Em um de nossos projetos de gestão no interior de Minas Gerais, fomos contratados para um projeto de 12 meses com foco no crescimento e em vendas. Tocamos esse projeto fazendo pesquisa e entendimento do mercado, revisão das estruturas comerciais, implantação de processos e rotinas, implantação de indicadores e metas, aplicação da matriz SWOT nos principais cargos e outras ferramentas, conforme escopo e necessidades do projeto. Em sete meses de projeto, conseguimos fazer a venda crescer muito. Batemos nesse mês um avanço de 130%; logo, uma mudança completa nessa empresa em todos os fatores.

Era uma equipe de 80 representantes, e nosso foco foi fazer gestão de cobertura de clientes, com processos, rotinas, planejamento e foco. Lembro-me de que, em uma de nossas reuniões, após esse crescimento de 130%, ainda era possível dobrar as vendas, ou seja, havia ainda mais oportunidades.

Concluo com esse exemplo que, levando em conta cada caso conforme suas características de negócio, é possível avançar em vendas pela roteirização e cobertura, pois, mesmo cada negócio tendo seu modelo, sempre será possível ganhar mercado com essa gestão.

Aplicamos esse modelo depois em diversos clientes, e em todos os casos, tivemos avanços significativos. No começo, o processo não é simples. Torna-se trabalhoso para a equipe comercial criar e desenvolver os processos e controles. Porém, a partir da prática, tudo se torna mais fácil, porque, a cada ação, o faturamento já responde de forma positiva e, muitas vezes, surpreendente.

Outro fator que vem colaborando muito com esse tema é a tecnologia, pois, com a modernidade, surgiram sistemas e softwares preparados para ajudar o vendedor e a equipe comercial a ter disciplina e controle de rotas. Alguns desses sistemas, inclusive, podem ser aplicados junto ao RP da empresa, facilitando o cadastro de clientes e a gestão dos próprios pedidos. Outro avanço é que esses sistemas trabalham com link em outros aplicativos, como Waze e Google Maps, facilitando, inclusive, trajetos e destinos.

No entanto, mesmo com a tecnologia apoiando, entendo que, na hora da roteirização de vendas, sempre é preciso considerar 12 fatores importantes. Vejamos:

1. Proximidade geográfica.

2. Capacidade de atendimento por dia, semana e mês.

3. Clientes com CNPJ baixados.

4. Data da última compra.

5. Data do último contato.

6. Frequência de compras.

7. Frequência de atendimento ideal.

8. Dia e horário preferencial de compra.

9. Restrição de dia e agenda de entrega.

10. Feriados de cada mês.

11. Curva ABC de faturamento.

12. Reagendamento.

A partir disso, e considerando o fator "tempo", que atualmente é nosso maior desafio, acredito muito nessa estratégia de gestão para aumentar suas vendas de forma significativa e sólida.

13

Seu vendedor deve ser o mais equipado, de recurso ou de informação

"FAÇA DE TUDO PARA ESTAR MAIS PREPARADO."

Atualmente, informação e tecnologia são fatores de muito valor agregado e, com certeza, darão uma vantagem competitiva na hora da negociação.

Considerando que hoje vivemos a era do conhecimento, sendo que já passamos pela era agrícola e industrial, estarmos informados e equipados passou a ser uma obrigação de todo vendedor.

A tecnologia atual, com seus recursos e ferramentas, apoia muito esse fator, pois hoje temos todas as informações em nosso próprio telefone, com acesso remoto e online.

Recordo-me de um projeto que gerenciei na formatação e construção de uma equipe de apoio, chamada Administração de Vendas Corporativa Estratégica. Era uma equipe distribuída por região que ficava alocada no corporativo da empresa, monitorando a equipe de campo com indicadores e processos de vendas.

Essa equipe, denominada Parceiros de Negócio, compartilhava remotamente da meta da equipe de campo e, além de controlar todos os indicadores e a rotina dos vendedores, tinha a responsabilidade de pesquisar e enviar informações relevantes e estratégicas para os estes, como:

- Preço praticado pela concorrência.

- Performance logística da concorrência.

- Qualidade do produto da empresa comparada com a da concorrência, apontando forças e fraquezas de ambos para a correta argumentação de vendas.

- Status financeiro e posicionamento de mercado do cliente.

- Posição de estoque do cliente.

- Aderência de nossos produtos/serviços e serviços para o cliente, ou seja, o que vende mais e o que vende menos.

- Aderência no marketing para o cliente.

- A última compra do cliente com detalhes de itens e preços.

- Verificação da rota de vendas e ajustes conforme necessidades e estratégias.

- Checagem e *status* das metas com geração de plano de ação para as necessidades.

- Direcionamento do plano de ação para as anomalias apontadas.

- Outros fatores relevantes, conforme características dos clientes para a região no momento da venda.

Essas informações, coletadas e repassadas de forma racional e inteligente, ajudavam, e muito, os vendedores a chegar aos clientes de maneira preparada para uma boa e assertiva negociação. Muitas vezes, eles encontravam os compradores despreparados, e havia grande chance de um direcionamento menos favorável e positivo.

Também era de responsabilidade do vendedor trabalhar essas informações de forma antecipada. No início do projeto, essa área corporativa não tratava todas essas informações, somente fazia um acompanhamento de metas e resultados. Com o amadurecimento, foi incluída nas rotinas da equipe corporativa a trato dessas informações.

Outro fator importante executado nesse processo foi o investimento em equipamentos e ferramentas de trabalho modernas e sofisticadas para suporte em todas as etapas. Com esses equipamentos, a equipe sempre trabalhava com sofisticação e agilidade para a execução de suas tarefas. Esse investimento gerou na equipe uma ganho na autoestima e também no desempenho de suas funções, pois, com a implementação desse modelo de atuação, os equipamentos se tornaram muito necessários para o cumprimento das rotinas e tarefas propostas.

Foi um projeto de muito sucesso e com resultados extremamente relevantes.

Atualmente, existem disponíveis no mercado equipamentos de monitoramento via GPS para controlar rotas e a famosa meta de cobertura. Investir, portanto, em equipamentos e informações gera muita produtividade na operação de vendas. É importante ressaltar que a todo momento temos inovações e lançamentos para esse recurso. O importante é entender a importância de manter equipado o time de vendas.

14

A postura e o perfil de um grande vendedor

> "SEJA DIFERENTE PARA
> SER A ESCOLHA, NÃO MENOSPREZE
> OS DETALHES."

Um dos trabalhos que realizamos para o aumento da performance de vendas em todos os projetos é a correta definição do perfil de vendas.

Para isso, existem diversas ferramentas no mercado, sendo que o mais importante é escolher a melhor e ser fiel nas decisões conforme os resultados gerados.

Uma ferramenta que utilizamos muito e que gera um grande acerto é a ferramenta DISC.

DISC é uma metodologia que possibilita a análise comportamental das pessoas a partir de quatro fatores: dominância (D), influência (I), estabilidade (S) e conformidade (C).

CONFORMIDADE –
Indica como você lida com regras e procedimentos estabelecidos pelos outros. Os principais descritores são: preciso, analítico, perfeccionista, cuidadoso e minucioso. Fator "C" | Cor: azul | Emoção: medo.

DOMINÂNCIA –
Indica como você lida com problemas e desafios. Os principais descritores são: competitivo, decidido, direto, orientado para resultados. Fator "D" | Cor: vermelho | Emoção: raiva.

ESTABILIDADE –
Indica como você lida com mudanças e estabelece seu ritmo. Os principais descritores são: agradável, bom ouvinte, paciente, sincero, constante, membro de equipe, estável. Fator "S" | Cor: verde | Emoção: não demonstrar emoções.

INFLUÊNCIA –
Indica como você lida com pessoas e as influencia. Os principais descritores são: confiante, inspirador, otimista, popular, sociável, confia nos outros. Fator "I" | Cor: amarelo | Emoção: otimismo.

Para a equipe de vendas, sempre recomendamos um perfil com alta influência, próxima a 75%, com dominância perto de 60%, estabilidade com 35% e conformidade de 45%. Dessa forma, em uma negociação, o vendedor consegue ter uma postura firme, gerando confiança, ações de influência e de convencimento. Esse perfil proporciona a ele uma atitude estratégica e direcionada para resultados.

Sugiro sempre que os processos seletivos tenham esse pré-requisito, pois contratar com o perfil correto já é "meio caminho andado" para o sucesso da área de vendas. Entretanto, também é possível avaliar sua equipe atual e gerar um plano de desenvolvimento interno para maior aderência e, consequentemente, obtenção de resultados melhores.

A postura e o perfil de um grande vendedor

Para o desenvolvimento, recomendo a aplicação de PDI (Plano de Desenvolvimento Individual) e PDE (Plano de Desenvolvimento de Equipe).

Esses planos devem conter a ação, o objetivo, o prazo, o responsável e o investimento, sempre buscando ações simples e práticas, desde leituras de bons livros, vídeos, cursos, _benchmark_, estudos, projetos e ajustes na rotina de trabalho, avaliando sempre a aplicabilidade e a verificação da geração de resultados.

Após a adequação do perfil, é muito importante que seja padronizada internamente a postura ideal do vendedor. Nos "11 passos de vendas", citado no Capítulo 11, menciono essa questão, que, nesse caso, deve representar a cultura organizacional da empresa quanto a vestimenta, a identificação, o modelo de relacionamento verbal e escrita, considerando e-mails e visitas. Deve-se ter sempre em mente que o produto e o serviço de uma empresa poderão ser avaliados por meio do contato com a área comercial. O quesito postura deve estar sempre impecável.

Uma dica de implementação é criar os padrões mais aderentes, aplicar treinamentos, incluir no programa de integração e realizar frequentemente auditorias, estando sempre atento às inovações e tendências de mercado.

Um fator que também pode ajudar muito é a realização de pesquisas junto aos clientes e no mercado, para entendimento das melhores práticas e modelos. Entretanto, uma coisa é certa: criar um padrão faz toda a diferença, permitindo que sua empresa apareça mais que as outras.

Nesse conceito de padronização, é importante também padronizar os modelos de documentos e materiais que são direcionados para os clientes, tendo o cuidado de executar com perfeição cada detalhe, pois muitas vezes seu produto ou serviço será avaliado por esses documentos.

Uma vez ouvi o seguinte ditado em uma festa de casamento: "Um bom som salva uma festa ruim, e um som ruim estraga uma festa boa." A analogia que faço é a de que um material ruim ou mal formatado poderá prejudicar uma excelente venda por meio de uma imagem gerada ou pré-julgada.

Assim, ter "capricho" na postura como um todo poderá ser uma vantagem competitiva de mercado e um pilar forte para resultados.

15

Uma remuneração variável assertiva faz a diferença

"O GANHA GANHA
É A MELHOR RECOMPENSA
PARA TODOS."

Em meu primeiro livro, *Gente Resultado — Desenvolvimento de pessoas e negócios*, escrevi sobre o tema "ter o necessário". É nesse sentido que inicio sobre uma remuneração variável assertiva, pois ela, em primeiro momento, deve estar no tamanho certo, na proporção correta, abrangendo indicadores, meta, pesos e capacidade de execução.

A remuneração variável para vendas é comparada à gasolina para um carro, ou seja, é o combustível que faz o carro andar. Assim, deve-se atentar sempre a esse processo, para não haver erros nem falta de aderência, pois, além de poder prejudicar a performance de vendas, ainda é uma verba alta dentro dos custos de folha de pagamento.

Recordo-me de uma passagem em uma grande empresa de mercado, em que estávamos deliberando sobre diversos itens com o presidente na reunião de Conselho. Por causa da falta de tempo, ele deliberava de forma rápida. Cada um mencionava o tema, e, na sequência, ele dizia se aprovava ou não. Devido ao amadurecimento do grupo, ele aprovava praticamente tudo sem entrar em detalhamentos ou análises. Quando, entretanto, falei sobre a nova remuneração de vendas, ele disse: "Pare tudo, porque isso quero ver detalhe a detalhe." Até brinquei sobre ser mesmo um tema relevante, e ele continuou: "Por experiência própria, já perdi muita venda e resultados por não verificar direito esse tema. Mexer ou alterar esse processo poderá mudar todo o rumo da empresa, tanto para melhor quanto para pior. E se eu ficar com dúvidas ou insegurança, prefiro não alterar."

Afirmo, portanto, que esse tema deve ser muito, mas muito estudado mesmo, considerando que cada empresa tem suas características e seus processos, que devem ser avaliados nesse programa.

Também ouvi de um presidente de uma empresa uma estratégia de implantação que me causou muita reflexão, por sua simplicidade e objetividade. Estávamos iniciando o lançamento de um novo modelo de remuneração variável. Na ocasião, o presidente pediu para deixarmos a meta mais "leve" no início, pois seria para o vendedor se acostumar com a remuneração total gerada, fazer de forma simbólica o "carnê das Casas Bahia", considerando o patamar de recebimento dessa média que seria computada no início. Assim que ele contasse com esse recebimento, subiríamos a meta gradativamente, e ele teria de atingir resultados para poder ter sucesso, já considerando o valor médio percebido ao longo do tempo. Ali o processo funcionou muito bem.

Foi uma estratégia assertiva e vencedora, mas é preciso avaliar sempre com muita atenção. Algumas premissas técnicas são importantes para um programa assertivo:

- Remuneração variável é um conjunto de diferentes maneiras para remunerar o colaborador, levando em conta sua performance e seus resultados.

- Remuneração variável é uma forma estratégica de atrelar fatores como **ATITUDES** com **RESULTADOS**.

- A medição do desempenho é realizada através de indicadores, resultados e cumprimento dos processos estabelecidos.

- Alinhar ações dos profissionais com o planejamento estratégico.

- Remunerar de forma competitiva para motivar e reter talentos.

- Vincular desempenho e recompensa para incentivar a superação dos resultados.

- Estimular o comprometimento de longo prazo com a empresa.

- Gestão de desempenho por resultados

- Atração de pessoas.

- Melhoria de desempenho individual e de equipe.

- Refletir e reconhecer a contribuição individual para o sucesso do negócio.

Uma das formas mais modernas e eficazes que conheço para gerenciar a remuneração variável é a gestão via Matriz Nine Box. Essa matriz de desempenho realiza de forma gráfica a combinação entre competências e indicadores de negócios, permitindo analisar com maior profundidade o desempenho do profissional e da organização.

A Matriz Nine Box é uma ferramenta utilizada para avaliar o desempenho dos colaboradores na organização e no planejamento estratégico de sucessões, e também pode ser muito útil para a avaliação mensal e acumulada do desempenho da equipe de vendas.

Nos projetos que implementei, sempre utilizei o cruzamento entre o desempenho dos resultados contidos na remuneração variável com o resultado de aderência do perfil, considerando uma avaliação, podendo ser por competências ou testes como o da Ferramenta DISC.

A seguir, a Matriz Nine Box:

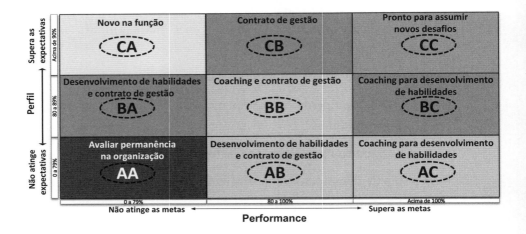

Uma remuneração variável assertiva faz a diferença

AA • Indica profissional com baixo perfil e baixa performance. Recomenda-se que seja avaliado a permanência deste na organização.

BA • Indica médio perfil e baixa performance. Recomendam-se ações de coaching para desenvolvimento de habilidades e contrato de gestão para melhor definição de metas.

AB • Indica baixo perfil e média performance. Recomendam-se ações para desenvolvimento de habilidades e contrato de gestão para melhor definição de metas.

BB • Indica médio perfil e média performance. Recomendam-se ações de coaching para desenvolvimento de habilidades e contrato de gestão para definição de metas.

CA • Indica alto perfil e baixa performance. Recomenda-se avaliar se não se trata de profissional recém-contratado.

CB • Indica alto perfil e média performance. Recomenda-se contrato de gestão para revisão de metas na busca pela superação destas.

CC • Indica alto perfil e alta performance. Recomenda-se considerar o profissional em plano de sucessão.

BC • Indica profissional com médio perfil e alta performance. Recomendam-se ações de coaching e treinamento para desenvolvimento de habilidade.

AC • Indica profissional com baixo perfil e alta performance. Recomendam-se ações de coaching e treinamento para desenvolvimento de habilidade.

O resultado apurado poderá ser mensurado mensalmente ou conforme período determinado, podendo ser tratados resultados acumulados. Com isso, é possível direcionar de forma assertiva as demissões e promoções.

Outra estratégia relevante que pode ser implementada no processo é a recuperação trimestral para os resultados, que tem a finalidade de compensar na apuração acumulada resultados menores com resultados maiores no trimestre.

O prêmio trimestral busca também reconhecer e recompensar os resultados de excelência (acima de 100%).

É um tema para ser estudado, implementado e gerido com muita responsabilidade e assertividade, pois a vida de uma empresa depende, e muito, do resultado desse programa.

16

Crie um programa de reconhecimento de inovação e novas ideias para a área de vendas

"A SOLUÇÃO PODE ESTAR SIMPLESMENTE EM FAZER DIFERENTE."

Inovação é um tema que nunca sairá de moda, e a cada dia fica mais evidente o quanto isso poderá fazer diferença em um negócio ou processo.

Acredito que a inovação sempre surge quando há uma meta desafiadora pela frente. Ou seja, é por meio da necessidade que nasce a inovação, e assim se avança não somente quanto a equipamentos, algo fundamental principalmente na Medicina, pois a inovação contribui para algo que julgo o mais importante: a "cura" de uma doença.

Vivenciei em minha carreira inúmeros projetos de inovação e melhoria contínua e aprendi ao longo do tempo que a inovação também parte de uma coisa chamada dificuldade.

Quando olhamos para nossa própria vida, concluímos que também compartilhamos desse comportamento, pois quando passamos por momentos difíceis, nos reinventamos e fazemos algo diferente. Inovação é isso: fazer o que ainda não foi feito.

Quando olhamos a nossa volta, ficamos impressionados com a quantidade de coisas que o homem criou. Pense no avião, na lâmpada, no rádio, na TV, no telefone e na internet. Imaginem como foi fazer isso a partir do zero e ver funcionando hoje.

Isso tudo é inovação, e quando olhamos para um processo de vendas, imaginamos tudo que ainda é possível criar.

Indo para a prática, minha sugestão seria a de que toda empresa construísse um programa de inovação exclusivo para a área de vendas. Esse programa deverá ter processo com nome, estrutura de comitê, regras, procedimentos, cronograma, política, enfim, tudo que um programa interno deve conter. Ele deverá ser estruturado para melhorias nos processos e nos produtos, nas embalagens, nos serviços, na logística e no marketing, pois, conforme minha vivência, as melhores ideias vêm do front da operação. O estoque de conhecimento de uma empresa não está somente na alta direção, mas também na operação de campo.

Quer saber como está indo seu produto ou serviço? Ande até sua operação. Lá estará uma riqueza de conhecimento e oportunidades de melhorias.

Esse programa de inovação ou de novas ideias deverá conter também algum tipo de reconhecimento, podendo ser destacados alguns, como:

- Comunicações com fotos.
- Notícia de destaque nos veículos internos de comunicação.
- Ser eleito o destaque do mês ou do período.
- Café com o presidente ou sócio.
- Concessão de cursos e treinamentos.
- Participação em reunião estratégica da empresa.
- Brindes e presentes.
- Reconhecimento financeiro.
- Modelo de negócio e estrutura da empresa.

Um ponto que quero destacar é que poucas empresas constroem programas dessa natureza exclusivos para a área de vendas. Porém, estudos indicam que o perfil do vendedor como um dos mais criativos que existem. Sendo esse programa da área comercial, é de suma importância e de grande relevância.

Outro ponto importante é que a área comercial, devido a suas características, trabalha muito próxima do cliente e consumidor. Portanto, ter um programa para essa área é ter um programa próximo do principal alvo de uma empresa, podendo, assim, surgir ideias que resultem diretamente em vendas.

17

A analogia do "berro do boi"

> "NUNCA DESPREZE NENHUM RECURSO, POIS O DESERTO
> É FEITO DE GRÃOS DE AREIA."

Essa é uma analogia muito simples que aprendi em um projeto na cidade de Araçatuba, no interior de São Paulo. Araçatuba, para quem não conhece, é conhecida como a terra do boi, devido às grandes criações de gado que existiam naquela região. Hoje ainda existem em menor escala, mas no passado realmente eram expressivas, devido à região plana e à proximidade com a cidade de Barretos, que concentrava grandes frigoríficos, chamados na época de grandes matadouros, surgindo daí o Rodeio de Barretos e sua cultura, como a famosa queima do alho, ritual de preparação de comida das comitivas que traziam as boiadas para o antigo matadouro.

Em Araçatuba, nesse projeto de aproximadamente um ano, em uma grande e especial empresa, estávamos implementando metodologias de gestão. Em uma reunião de resultados com foco no plano orçamentário, o presidente, na hora da deliberação do plano, já na fase final, pediu-nos ainda mais alguns ajustes e esforços para melhorarmos as margens e o Ebtida/Lucro. Devíamos buscarmos mais oportunidades dentro dos recursos disponíveis.

Então, ele nos contou sobre a evolução do modelo e da filosofia de trabalho dos frigoríficos da região. No passado, após o abate de um boi, era utilizada basicamente a carne, e as demais peças do animal eram descartadas ou utilizadas para outros fins, como a própria cabeça com chifres, que virava enfeite de casa ou de sítios. Com o passar do tempo, os custos foram apertando a saúde do negócio como um todo, devido ao mercado, à concorrência, à inovação e outros fatores. Então, foi necessário fazer mais com menos, para tornar o processo mais rentável. Assim, passaram a utilizar tudo do boi, ou seja, produzir algo com a cadeia completa, alavancando outras receitas do negócio. Na verdade, essa necessidade serviu para tudo. Todos os seguimentos similares tiveram a necessidade de aperfeiçoar seus processos e seu modelo de negócio.

Então, ao contar isso, ele disse: "Pessoal, com os esforços de todos, deu pra sentir que fizeram muita coisa criativa e inovadora. Melhoramos muito os números. Quanto ao processo de matança de boi na cultura de Araçatuba, vocês foram bem, mas gostaria de ir além. É como se tivéssemos de aproveitar agora até o 'berro do boi', utilizando tudo dele. Para o nosso negócio, vamos utilizar tudo, até o último berro."

Em outras palavras, ele quis dizer que, se utilizarmos até o berro do boi, estaremos fazendo o máximo possível.

Trazendo isso à tona, utilizei muito esse conceito em treinamentos de varejo em São Paulo e em outros estados, onde aplicava para equipes de vendedores com a tese de trabalhar a postura e atitude do vendedor frente aos desafios.

Quando fazíamos diagnósticos de gestão para entender as causas de problemas, era comum aplicarmos a Matriz SWOT (forças, fraquezas, oportunidades e ameaças) ou o formulário de tratamento de anomalias. Sempre me reportavam algumas causas da não venda, como falta de *mix* de produtos, falta de numeração, falta da grade completa de produtos, preço mais caro do que o da concorrência, economia, dólar, enfim, problemas que realmente existiam e eram expressivos.

Desses problemas, o mais difícil de tratar era a falta de produtos, pois demandava investimento e as empresas não tinham condições de melhorar isso. Então, a estratégia era utilizarmos tudo o que tínhamos no estoque. Se não tínhamos a camisa azul no tamanho 2, oferecíamos a de cor cinza. Se não tínhamos meias ou cuecas, sugeríamos outros produtos. Perfumes? Por que não? Será que já tínhamos utilizado de tudo mesmo para não vendermos? Fazendo a analogia do "berro do boi", será que estávamos utilizando mesmo de tudo da cadeia de consumo do boi? Será que estávamos utilizando até o "berro do boi"?

Na ocasião, esse treinamento se tornou um diferencial em nosso negócio. Tornou-se metódico e até divertido, mas afirmo que deu muito certo, e as equipes compraram a ideia.

Lembro-me de um treinamento que fiz no Rio de Janeiro sobre essa metodologia. Eram 35 lojas e mais de 200 pessoas sendo treinadas. O mês seguinte, após esse treinamento, foi o melhor em vendas dos últimos dois anos da empresa naquela região. Eles seguiram a analogia de utilizar todos os recursos possíveis para as vendas: atendimento diferenciado, processos bem estabelecidos, argumentação correta, *mix* de produtos disponíveis, serviços financeiros, promoções e outros. Utilizaram até o "berro do boi" para bater a meta de vendas, e o resultado não foi outro: venderam muito, muito mesmo. Se o vendedor for criativo e ousado, o sucesso virá.

A seguir um dos slides que utilizávamos para compor a analogia do processo:

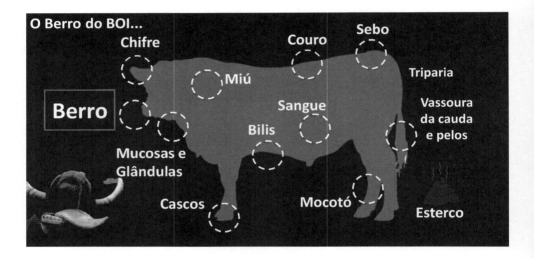

Foi um presente treinar essa equipe do Rio de Janeiro nessa querida e especial empresa. Foram dois anos com mais de 35 *workshops*, e foi a maior escola profissional de minha vida. Já havia trabalhado em outras grandes empresas, com faturamento altíssimo, marca forte, mas foi nesse varejo, em uma empresa dentro de um processo extrajudicial, com tudo difícil, tudo para complicar, com dificuldades enormes de caixa, o lugar em que mais me desenvolvi e também o que me fez muito feliz. Acredito que profissionalmente somos felizes quando somos mais úteis.

18

Esteja mais preparado
que seu comprador

"QUANDO VOCÊ SE
ESFORÇA PELA VIDA,
A VIDA SE ESFORÇA POR VOCÊ."

Conforme visto anteriormente, vendas e compras vivem uma batalha no campo da negociação. Cada um tem sua meta e seu objetivo, pois recebem isso do próprio processo interno de suas empresas. "Vendas" quer vender o quanto mais e com maior valor para agregar ao resultado de sua empresa. Por outro lado, "Compras" tem de salvar o Ebitda/lucro, comprando nas melhores condições possíveis. No final, todos precisam vender e comprar. O importante é fechar negócio.

Muitas coisas já ditas nos capítulos anteriores poderiam ser repetidas aqui, pois tudo leva à preparação do vendedor e da equipe comercial. Gosto muito do quadro a seguir, que resume um pouco o momento da negociação. Vejamos:

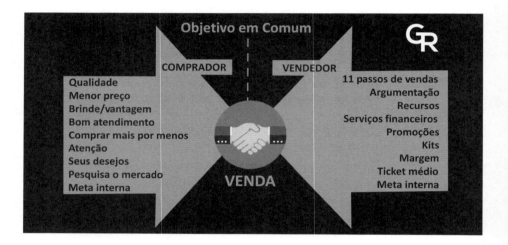

É possível verificar que ambas as partes têm seus objetivos e suas demandas para uma negociação. O ponto central significa que todos seus esforços se afunilarão para o ponto em comum, que é o fechamento da negociação, logo, devemos nos preparar, sermos assertivos e precisos nesse momento.

Em uma de minhas passagens na área de gestão, executei uma auditoria de campo considerando um escopo anual dentro de um programa estabelecido, em uma de nossas visitas a um cliente para acompanhar a execução de uma venda. Para minha surpresa, a cadeira do comprador era maior que as outras, bem mais alta e imponente. Terminada a reunião, na qual fui apresentado como um auditor de processos de gestão, fiz uma análise SWOT com o comprador de nossos processos e perguntei a ele, além dos pontos e roteiros já previstos, por que a cadeira dele era tão diferente da nossa. Respondeu que era um processo estratégico interno que tinha por objetivo gerar confiança no comprador e, ao mesmo tempo, deixá-lo em aparente superioridade na hora da negociação. Trabalhar a autoconfiança de forma mental e física e ter hierarquia no momento da negociação, segundo ele, era uma estratégia que estava apresentando resultados.

Achei isso muito interessante, pois, no final, era uma maneira diferenciada de preparação da empresa para a negociação.

Dessa forma, quero transmitir com este capítulo que sua empresa, seu vendedor, sua área comercial devem, por obrigação, estar muito bem preparados para o momento da negociação. Seguindo os requisitos do quadro mostrado, vencerá sempre o mais preparado. Utilizem-se de tudo que for possível, pois confio muito no ditado: "Quando você se esforça para a vida, a vida se esforça por você."

19

A negociação, a hora da verdade

"**A** HORA DA NEGOCIAÇÃO SEPARA OS MENINOS DOS HOMENS."

Por mais que tenhamos falado em preparação, o momento da negociação é a hora da verdade. Tudo que foi feito antes soma, e muito, para o sucesso. Entretanto, o famoso *face to face*, ou seja, o face a face, é um momento único para o vendedor e o comprador.

Dentre todas minhas experiências, a mais marcante foi a vivência em executar inúmeras negociações sindicais em todo o Brasil, no Chile e na Argentina.

Alavancando negócios com seu vendedor

No Brasil, foram negociações em todos os estados, tendo como destaque o Sindicato do ABC, do estado de São Paulo. Devido a minha vivência em mesas de negociação e resultados consolidados, participei como convidado de um núcleo estratégico que tinha, de um lado, negociações que representavam a FIESP para um grupo de empresas, e do outro, a CUT, a Força Sindical e o Com Lutas. No Chile, também foi marcante minha passagem por lá, pois, a convite do próprio Sindicato dos Trabalhadores, fiz acordos anuais, aplicando treinamentos de estratégia sindical para as empresas durante seis anos de trabalho. Entretanto, foi na Argentina que se deu minha maior experiência ao negociar com o Sindicato Metalúrgico (UOM), considerado o segundo maior do país e um dos maiores do mundo. Também foram seis anos de negociações, algumas diretas com representantes sindicais em uma fábrica em Buenos Aires, algumas com o presidente e membros da diretoria do sindicato, e outras com o Ministério do Trabalho, intermediando. Foi um período de muito aprendizado, estudando a legislação, os costumes, os hábitos, os modelos e as pessoas. Em uma de nossas reuniões, o presidente do Sindicato da UOM me disse: "Ricardo, nossas reuniões atingiram um nível bastante elevado, e isso me fez lembrar dos velhos tempos de grandes negociações. Gostaria de convidá-lo para fazermos a próxima reunião em nossa sede, na principal sala de negociação deste país." Quando fomos para à tal reunião, já encontramos tudo organizado, com uma estrutura completa de suporte, computador, impressora, telefone, internet, canetas, papéis, livros sobre a legislação trabalhista, jornais do dia. Tudo de que precisávamos. Depois de nos prepararmos por um tempo ali, nos encontramos com os membros do sindicato, o que gerou o famoso "quebra gelo". Então, seguimos para a tal sala principal de negociação, a mais importante do país no que tange à negociação sindical. Era um lugar incrível: mesa central de madeira maciça, com cadeiras bem imponentes. Para cada cadeira, havia uma luz focada e com luzes também direcionadas para o centro da mesa. Havia demarcações para cada membro da negociação com **hierarquia definida.** No início, um dos membros leu a pauta e definiu o tempo para cada item. Sem dúvida, foi a maior experiência sindical que tive, e considero um presente esse momento que vivi. Ficamos nessa negociação por cinco horas. Tivemos pausas programadas, e, no final, tudo foi documentado com muito profissionalismo e qualidade, e as negociações foram boas para ambos os lados.

Quero frisar que o ponto principal desse exemplo é que eles levavam muito a sério o momento da negociação. Era o foco mais importante naquele momento. Dava para comparar ao exemplo de uma banda que se prepara por anos para a gravação de um DVD. Tudo tem de estar direcionado e preparado para aquele acontecimento.

É a negociação direta, é o frente a frente entre comprador e vendedor. Nessa hora, tudo acontece, por isso quero colocar em evidência que você, vendedor, deve se preparar muito para esse momento e fazer dele seu palco e seu degrau para o sucesso. Assim você construirá sua história e sua carreira.

Para isso, seguem algumas dicas de ouro:

a. Interferências externas:

- Tendência das negociações sobre a possibilidade ou não de um acordo/contrato entre as partes.

- Ambiente econômico do país.

- Modificações ou alterações em aspectos legais com interferências.

- Momento financeiro ou de mercado de ambas as partes.

- Análise do rol de requisições do comprador.

- Possíveis estratégias do comprador.

b. Análise do perfil do comprador:

- Identificar traços de personalidade.

- Determinar compatibilidade e incompatibilidade.

- Expressão corporal.

- Gesticulação expressiva.

- Aparência quanto ao cargo e à responsabilidade.

- Autenticidade para com os objetivos da negociação.

- Identificação de questões pessoais relevantes.

c. Fatores NEGATIVOS para o fechamento de uma negociação (–):

- Ofertas consideradas "ridículas".

- Falta de motivação para encontrar o acordo.

- Desequilíbrio acentuado de forças.

- Conflito e hostilidade entre os grupos.

- Preconceitos/prevenção determinante.

- Falta de integração entre os componentes de uma das equipes.

d. Fatores POSITIVOS para o fechamento de uma negociação (+):

- Posições iniciais próximas.

- Equilíbrio de forças.

- Maturidade dos negociadores.

- Existência do moderador que reduz tensões.

- Adequado manejo de personalidades entre as partes.

A negociação, a hora da verdade

- Representatividade dos negociadores.
- Experiência e preparação prévia dos negociadores.

e. Aspectos importantes da negociação, antes, durante e depois:
- Elaboração dos argumentos, técnicos e relacionais.
- Preparação do material de apresentação.
- Apresentação dos produtos e serviços.
- Elaboração das propostas.
- Registro e controle de propostas e contrapropostas.
- Registro e controle das reações dos oponentes.
- Geração de ata.
- Geração do plano de ação.
- Registro e agendamento de novas datas e compromissos.
- Avaliação e crítica — autocrítica.

f. Mandamentos do vendedor:
- Conheça bem seus pontos fortes e fracos, e também os do oponente.
- Planeje todos os detalhes da negociação (objetivos, limitações, local, horário, participantes etc.).
- Saiba ouvir, entender e gravar. Não basta escutar.
- Não subestime o oponente.
- Não se subestime.
- Jamais seja radical.
- Treine suas falas.

- Permita que ambos os lados levem vantagens na negociação. Não seja egoísta.

- Conte até dez antes de dizer sim ou não.

- Tenha sempre em mente o lance seguinte.

- Deixe sempre uma saída honrosa para o outro lado.

Para fechar este capítulo, gostaria de mencionar que tudo que foi descrito aqui é importante para o sucesso da negociação. Preparar-se ao máximo, com prazer e amor, e fazer da hora da negociação "seu momento" farão do sucesso algo inevitável.

20

O vendedor deve amar seu comprador

"OBJETIVOS EM COMUM PODERÃO UNIR
QUALQUER ADVERSÁRIO."

Ao sentirmos desconforto, a primeira sensação que se tem é de negação. Entretanto, devemos avaliar bem o que de fato é ruim, pois "o desconforto nos traz crescimento".

Quando se fala em vendas e se tem pela frente uma dura negociação com um comprador competente, esse profissional, preparado com informações, questionamentos, análises técnicas, boa de argumentação, financeiramente e conhecedor do mercado, torna o processo bem difícil. No entanto, pode apostar que é justamente esse comprador que fará de você um vendedor melhor. É exatamente esse comprador que você deverá "amar", pois ele mudará sua vida *profissional em cada negociação.*

Há um tempo, vi um documentário em que se falava sobre dois antigos competidores de corrida de carros. A imprensa os considerava dois inimigos. Durante anos, ganharam campeonatos e bateram recordes simultaneamente, sempre um contra o outro. Raramente no pódio não estavam um dos dois em primeiro e o outro em segundo lugar.

Entretanto, nos bastidores, sempre existia muito respeito entre eles. Em uma fase, um deles decidiu abandonar as corridas e se aposentar. De imediato, o outro o procurou e o convenceu a continuar, para a surpresa de todos que acompanhavam aquela luta esportiva entre eles. Certa vez, um deles se machucou em um acidente e ficou afastado por meses. Enquanto isso, o outro avançava no campeonato e disparava na liderança. O competidor que estava no hospital debilitado, muito machucado, sentiu que não teria chance de alcançar o oponente se não se recuperasse logo. Então, o único jeito era desafiar a medicina e quebrar recordes em um hospital. Fez o possível e o impossível e conseguiu voltar. Os médicos nunca haviam tido um caso com aquela evolução, e aquela foi tida pela Medicina como uma recuperação impossível.

Ao voltar às corridas, ele disse ao adversário: "Hoje estou vivo e recuperado por sua causa. Não aguentava vê-lo ganhando tudo e eu em uma cama de hospital. Aquilo me deu forças para me recuperar e voltar. Obrigado, você foi minha cura." Em seguida, se abraçaram e viveram mais alguns anos em "guerra" nas pistas. Com o passar do tempo, um deles acabou morrendo em um acidente fora das pistas. Não passou um mês, e o outro parou de correr. Quando questionado, disse: "Ele era minha inspiração. Eu o respeitava e o admirava, dentro e fora das pistas. Não sei competir sem ele. Parei."

Essa história nos mostra o quanto o desconforto pode nos desenvolver. Gosto muito daquele ditado "o que não mata fortalece". Assim, em nossa vida, aquelas pessoas que nos fazem crescer podem ser chamadas de anjos, mesmo que nos tragam desconfortos.

Voltando ao mundo de vendas, amar seu comprador significa crescer através dele e de todas as demandas profissionais que ele possa trazer.

Ouvi um dia de um vendedor que teria de trabalhar duro no final de semana para fazer um material e portfólio detalhados para um comprador, pois ele teria uma reunião para apresentar tudo na segunda-feira. Ele, então, trabalhou arduamente e conseguiu fazer a apresentação no prazo estipulado e fechar a venda. Na sequência, usou esse mesmo modelo de material com outros cinco clientes e fez o melhor mês de venda de sua carreira e da empresa. No mês seguinte, foi promovido a gerente regional de vendas. Ao me contar tudo isso, disse que queria encontrar outros compradores como aquele, que dessem a ele a oportunidade de fazê-lo um profissional melhor.

Portanto, em suas carreiras, escolham clientes complexos e compradores exigentes, pois eles os tornarão melhores.

21

O poder do encantamento com a venda

"**GERAR ENCANAMENTO É FAZER ALGO MUITO COMPLETO E ESPECIAL.**"

Gerar encantamento em seus clientes e consumidores sempre foi e sempre será uma ação matadora e de grande sucesso. Porém, cabe ressaltar que dá muito trabalho e requer uma ação quase que perfeita.

Seu vendedor deverá atuar assim, e cabe à empresa trazer esse tema nas rotinas de trabalho com muita força e persistência. Mas também será preciso ter essa cultura em todas as áreas internas que se relacionam com vendas. Todas mesmo.

Um *case* de sucesso mundial nesse conceito é a Disney, em minha opinião o maior do mundo atualmente, e tenho certeza de que ficará em primeiro lugar por muitos anos.

A seguir, as sete regras da Disney que merecem destaque:

1. Concorrente é qualquer empresa com a qual o cliente o compara.

2. Fantástica atenção aos detalhes.

3. Todos devem mostrar entusiasmo.

4. Tudo mostra entusiasmo.

5. Múltiplos postos de escuta (múltiplas formas de ouvir o cliente: (SAC, cliente oculto, mídias sociais etc.).

6. Recompensa, reconhecimento e comemoração.

7. Todas as pessoas são importantes.

Tendo em vista a aplicação desses conceitos, que não são simples, é possível imaginar o quanto um visitante de seus parques sai de lá encantado e com o desejo de retornar em breve. Sem dúvida, essa estratégia de atuação, que aqui chamo de encantamento, gera recorrência de compra no negócio da Disney, pois, com o propósito da recorrência, essa estratégia de encantamento foi montada.

Uma das coisas que também geram encantamento são as mudança e os ciclos existentes. Ou seja, a cada ano, a Disney renova suas estruturas e padrões para gerar em seus visitantes a sensação do novo, logo, vem daí também um fato que gera a recorrência e a curiosidade de vivenciar uma nova versão.

Atualmente, dos dez parques mais visitados pelo mundo, nove são da Disney. A seguir, a lista atual:

1. **Disney** Magic Kingdon (Flórida – EUA)

2. Tokyo **Disneyland** (Japão)

3. **Disneyland** (Califórnia – EUA)

4. Tokyo **DisneySea** (Japão)
5. Universal Studios Japan (Japão)
6. **Disney's** Epcot (Flórida – EUA)
7. **Disney's** Animal Kingdon (Flórida – EUA)
8. **Disney's** Hollywood Studios (Flórida – EUA)
9. **Disneyland** Paris (França)
10. **Disney's** Califórnia Adventure (Califórnia – EUA)

Esse poder de encantamento da Disney para mim se resume na frase mais usada por Walt Disney: **"Eu gosto do impossível, porque lá a concorrência é menor."**

Após citar esse exemplo fantástico da Disney, gostaria de sugerir uma fluxo de encantamento, no qual, junto a esse modelo, também está o modelo Disney. Vejamos:

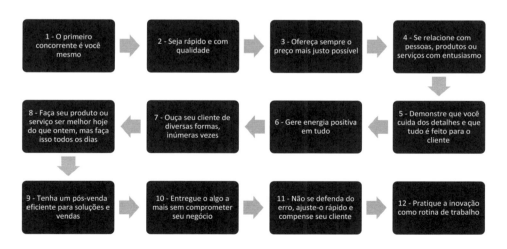

Tendo em vista o fluxo mostrado, gostaria de falar um pouco sobre a importância que existe em seguir esses conceitos, vejamos:

1. O primeiro concorrente é você mesmo

Muitos no mercado falam sobre avaliar e monitorar a concorrência, e, sem dúvida, isso é de suma importância para a estratégia da empresa, porém, também há uma estatística no mercado de que muitos, após fazer essas análises, não conseguem mudar seu negócio. Então, o que quero destacar nesse item é que não podemos fazer de nós mesmos nosso próprio concorrente. Precisamos quebrar internamente a barreira da mudança para agirmos rápido e com assertividade em relação a melhorias e avanços que são necessários.

2. Seja rápido e com qualidade

Hoje em dia, tendo em vista a era do conhecimento em que vivemos, na qual nosso cliente sempre nos compra soluções, precisamos ser cada vez mais rápidos no atendimento e com alta qualidade dos produtos e serviços. Ou seja, isso passou a ser uma exigência padrão para todos os mercados existentes.

3. Ofereça sempre o preço mais justo possível

Preço é um fator extremamente importante no negócio. Para alguns produtos ou serviços, existe algo meio que tabelado; para outros, a precificação fica por conta do modelo de negócio. Portanto, o preço nunca deverá passar do ponto, nem para cima, nem para baixo. Conheço uma consultoria de mercado que sempre trabalhou com preços altos devido a sua alta qualidade e modelo único. Com isso, cresceu e ganhou mercado e dinheiro. Porém, em um dado momento, seu modelo foi copiado, e surgiram três consultorias concorrentes com qualidade e preço mais baixo. Logo, a empresa despencou no mercado e ficou com o rótulo de ter preços mais altos, e após alguns anos, não conseguindo mais ajustar o custo de sua estrutura, teve de fechar suas portas.

Portanto, minha sugestão é a de que sempre, em qualquer fase de seu negócio, você calibre seu preço para ser reconhecido por praticar um preço justo.

4. Relacione-se com pessoas, produtos ou serviços com entusiasmo

Ser atendido com entusiasmo em qualquer canal de vendas é algo muito importante e agregador. O entusiasmo pode mudar seu dia e gerar de imediato uma abertura para a realização de uma boa compra, pois o entusiasmo gera vontade de se relacionar e fazer negócio.

Sugiro que seu produto ou serviço também tenha esse apelo importante, pois é possível ver isso até em uma embalagem de produto, sendo que uma embalagem poderá ajudar a vender muito. Portanto, construa um modelo e padrão como cultura para que todos de sua equipe ou empresa gerem entusiasmo.

5. Demonstre que você cuida dos detalhes e que tudo é feito para o cliente

Cuidar dos detalhes faz toda a diferença para seu cliente. Isso parece algo simples, e alguns até acham besteira e perda de tempo, mas é uma estratégia forte e infalível.

Uso esse conceito em tudo, desde os eventos e treinamentos que praticamos, em que fazemos tudo de forma personalizada, até o envio de materiais e propostas.

Uma vez, em uma de nossas reuniões, apresentamos, junto de outras consultorias, um material referente ao plano estratégico, sendo que todas as consultorias entregaram sua parte nesse projeto. Uma trabalhava com análise de mercado; outra, com estratégia financeira; uma, com ISO; e a nossa, com sistema gestão. As consultorias que se apresentaram antes não se atentaram ao tamanho da tela do projetor, e os números a serem apresentados ficaram pequenos, dificultando a leitura. Por cuidar desses detalhes, solicitei para nossa consultora que, antes da reunião, checasse a projeção e deixasse os slides bem legíveis e com alta qualidade. E não deu outra. Foi nítida a reação, e de cara o cliente elogiou essa ação. Logo, ele se sentiu valorizado e cuidado. Portanto, cuide dos detalhes e cuidará da satisfação do cliente.

6. Gere energia positiva em tudo

Ao se relacionar com seu cliente, trabalhe forte com a energia, tornando visível para ele que tudo que você oferece tem energia.

Entendo que isso fortalece a relação e gera o senso de positivismo que poderá mudar tudo para o avanço de seu sucesso.

7. Ouça seu cliente de diversas formas, inúmeras vezes

Saber ouvir de forma contínua, de diversas formas, inúmeras vezes, poderá ser um gatilho importante para o aprimoramento de seu negócio; portanto, crie essa cultura com rotinas e trabalho duro para esse fim.

Mas será preciso haver amadurecimento e discernimento nesse processo, pois não é somente ouvir críticas, também será prazeroso saber de seus pontos fortes, ganhando maturidade para entender e melhorar com frequência. Esse será o segredo da prosperidade de seu negócio.

Uma dica que deixo para esse item é ouvir seus clientes pela matriz SWOT (S = Forças, W = Fraquezas, O = oportunidades e T = Ameaças), ou seja, coletar de seus clientes quais são as forças, fraquezas, oportunidades e ameaças de seus produtos e serviços, atrelando isso ao seu negócio. Após a coleta, transforme as forças em processos, para não perdê-los nunca, aplique um plano de ação urgente para as fraquezas, implante as oportunidades para aumentar seu ganho de mercado e elimine tudo que dê força às ameaças.

8. Faça seu produto ou serviço ser melhor hoje do que ontem, mas faça isso todos os dias

Esse processo se chama melhoria contínua, e é de suma importância em seu negócio, pois não dá para viver no mundo de hoje sem ter isso como rotina de trabalho. Isso reflete em tudo: nas vendas, na fidelização de seus clientes, na entrega dos produtos e serviços, na gestão de desperdícios, nas despesas e custos e em sua competitividade de mercado.

Já vi, ao longo de minha carreira, muitas empresas terem ataques de melhorias e projetos de gestão. Isso funciona, ajuda muito, mas o importante e sólido será ter isso como cultura interna e de mercado, sendo que, para isso, será necessário uma atuação forte da liderança, puxando ações e projetos continuamente. Logo, isso fará todos terem mais conexão com a empresa e seu negócio.

Uma dica importante é trabalhar comitês funcionais internos com esse fim, gerando rotina padrão e cronogramas de trabalho. Será importante também ter uma célula interna para gerenciar esse fim e fazer mensurações de ganhos e oportunidades.

9. Tenha um pós-venda eficiente para soluções e vendas

Acredito muito na área de pós-venda, pois ela junta uma série de coisas importantes para todos os negócios. Em minha visão, um pós-venda poderá atuar em:

- Gerenciar o SAC.
- Agilizar as soluções de problemas.
- Gerenciar o canal de ouvidoria.
- Ser o canal de relacionamento com o cliente.
- Gerenciar melhorias na visão do cliente.
- Trabalhar com inovação para vendas.

Alavancando negócios com seu vendedor

- Gerar e fazer pesquisa de satisfação com os clientes.

- Comunicar-se com todas as áreas da empresa no que tange a processos de vendas.

- Gerenciar os canais de reclamação e satisfação para o E-commerce.

- Dar informações úteis para a gestão do marketing.

- Vender pelo pós-venda.

Considero o pós-venda uma área-chave, e, se bem investida, poderá ser uma forte alavanca de vendas e de sua marca.

Nesse sentido, sugiro a implantação de processos e rotinas, com gestão de indicadores e metas, comitê funcional, rotina de trabalho com fluxos e procedimentos, e desenvolvimento da equipe com treinamento e capacitação estratégica.

Acredito ainda que, com o amadurecimento desse processo, a área de vendas de campo também poderá atuar de forma abrangente nesse formato no pós-venda, visto que, atualmente, ela já vem executando grande parte desse processo.

10. Entregue o algo a mais sem comprometer seu negócio

Todo cliente fica encantado quando recebe de seu fornecedor um algo a mais, e isso não precisa ser necessariamente em produtos ou serviços, estou falando em termos de atendimento e suporte também, pois sei o risco que um algo a mais poderá gerar nos impactos de margem de contribuição e rentabilidade.

Nesse caso, minha sugestão será pecarmos pelo excesso quanto ao atendimento, o suporte, a ajuda, o relacionamento, a agilidade nos retornos frente às demandas, e avaliar sempre, com foco na rentabilidade, se será possível conceder algo a mais em se tratando de produtos ou serviços.

O poder do encantamento com a venda

Essa estratégia é muito forte com a cultura do brasileiro, pois são comuns inclusive diversas promoções e campanhas que surgem com o *slogan* "Compre dois e leve três" ou, "Na compra de tantos itens do produto X, você levará um brinde de XX". Ou seja, isso gera vendas.

Nesse caso, minha sugestão é surpreender o cliente sem uma promoção ou campanha, ou seja, gerar o sentimento de surpresa entregando algo a mais com o propósito de fidelizar o cliente, e isso pode e deve também já estar mensurado no modelo de negócio e na proposta comercial, conforme a estratégica de cada ação.

11. Não se defenda do erro. Ajuste-o rápido e compense seu cliente

Uma das coisas que tira um cliente do sério é quando, em algum processo comercial no qual o fornecedor cometeu algum tipo de erro, há justificativas ao reportá-lo. Isso ocorre muito em companhias aéreas e hotéis. Devido a eu viajar muito com meu trabalho, passei a observar essas situações.

O cliente quer ter razão. Muitas vezes, ele quer ouvir aquela frase: "Nós erramos, sabemos disso, reconhecemos e faremos o máximo para corrigir e recompensar pelos danos gerados." Entendo que essa postura já melhoraria, e muito, o sentimento de negação do cliente, mas vejo que algumas empresas que vendem pelo atendimento não colocam isso como um processo a ser seguido. Logo, a reação dependerá do bom senso de cada profissional. Mas o contrário também é verdadeiro. Já fiz uma ligação para uma empresa de telefonia em uma situação em que havia um erro deles e fui imediatamente surpreendido com o reconhecimento do erro e foco imediato na solução — confesso que o fato de terem me dado razão já foi meio caminho andado para minha permanência como cliente nessa empresa.

Dessa forma, para resumir, gostaria de sugerir que ajustem seus processos e apliquem treinamento em suas equipes de vendas e de suporte, de forma a tratar esse tema como processo e procedimento, pois ajudará muito na satisfação e fidelização de seus clientes.

12. Pratique a inovação como rotina de trabalho

Tendo em vista que a inovação poderá ser a chave para a abertura de muitas portas e soluções, minha consideração será trabalhar esse tema com programas internos e rotinas para a geração de inovação com foco no aumento de vendas e na economia de custos e despesas. Não é uma tarefa simples, mas tudo a nossa volta hoje nos ajuda nisso.

Para fechar esse tema, gostaria de mencionar um ponto importante voltado a pessoas, pois, para gerar o encantamento em seus clientes, é necessário ter com você pessoas com esse modelo de atuação. Sei que não é fácil encontrar isso de forma simples no mercado, pois esse modelo de atuação requer um comportamento muito dedicado e prestativo no atendimento e relacionamento com seus clientes.

Uma forma de trabalhar isso é criar treinamentos e capacitações para todos de sua empresa, para que ajam dessa forma. Mas, para isso, será necessário fazer com que todos tenham a experiência de atuar vendendo ou atendendo um cliente. Entendo que a prática ajudará, e muito.

Encantamento é a certeza de uma venda assertiva e contínua, gerando muito valor ao negócio e aumentando sua rentabilidade.

22

Esteja com seu vendedor quando ele não bater a meta

"ESTEJA COM SUA EQUIPE NO SUCESSO E NO FRACASSO,
E NUNCA ESTARÁ SOZINHO."

Quando tudo vai bem na área de vendas, o ritual de uma reunião de resultado mensal ou simples fechamento do mês serve somente para "estourar champanhe", ou seja, comemorar o resultado e festejar. Porém, sabemos que, na prática, as coisas não são bem assim. Em vendas, se a meta não foi bem dimensionada, o jogo é duro, ainda mais em um país como o Brasil, onde a economia é preocupante para o empresário, por inúmeros fatores que conhecemos muito bem.

Nos bons momentos de uma empresa, em que tudo está dando certo, o vendedor é considerado um herói, e o diretor comercial pode ser cotado para assumir uma presidência, ou seja, tudo flui satisfatoriamente. Porém, o que trago neste capítulo é que nem tudo são flores. Quando a área de vendas não faz sua parte, a empresa para. Isso pode acontecer devido à crise, ao mercado, à economia, à concorrência e a outros fatores externos que interferem muito no resultado. No mundo das vendas, há a batalha pela meta, que nem sempre será batida, e pelos resultados, que podem não ser satisfatórios.

Recordo-me de uma passagem muita rica, quando estávamos implementando algumas metodologias de gestão em uma grande área de vendas. Uma das ferramentas de gestão usadas era a reunião de resultados, momento em que os gerentes regionais iam até a matriz para apresentar seus resultados e planos de ação. Lembro-me de que o mercado estava oscilando muito. A cada mês, tínhamos resultados diferentes por região. Por exemplo: a região Sul batia a meta, enquanto a região de Minas Gerais não conseguia. No mês seguinte, essa mesma região alcançava a meta, e a região Norte não tinha sucesso. E assim corria o ano. O comentário entre os gerentes antes da reunião era: "E aí, quem estará feio na foto este mês?"

Em meu entendimento, era assim: se não mostra resultado, fica desprestigiado. Entendo e concordo que o mundo das vendas, em se tratando de resultados, é exatamente assim. Ouvi também de outro gerente de vendas que estava tendo problemas com o desempenho da equipe de vendedores. Ele disse: "Gostaria muito de ouvir de meu chefe na reunião de hoje que ele e a empresa estão comigo, pois sei das minhas responsabilidades e metas, mas preciso de apoio e queria que todos estivessem comigo." É a busca pelo resultado.

Em outro projeto que gerenciei em São Paulo, estava apoiando com metodologias de gestão toda a nossa equipe de vendas. Era um ano difícil e o mês de maior venda da empresa, e executávamos uma reunião de apontamento de anomalias e de plano geral de ação, na qual se daria a entrega dos trabalhos. Não sabíamos como seriam recebidos esses trabalhos pela presidência, e a equipe estava muito nervosa e preocupada. Antes da reunião, eu disse a eles: "Pessoal, sei que trabalharam muito, mas não sabemos qual será a reação da alta direção, então já escrevi um e-mail para vocês sobre o que penso dessa situação." Nesse e-mail, eu agradecia a todos por tudo o que fizeram, marcava um almoço de gratificação e já assumia todas as consequências, dando certo ou não.

Essa ação foi uma forma de estar com eles na alegria ou na tristeza. A reunião foi desgastante, pois fomos muito cobrados, criticados e desafiados, mas, devido a meu e-mail, a equipe se manteve firme emocionalmente. Após 15 dias, voltamos para a segunda reunião, e aí a conversa foi diferente. Demos um show e ajudamos muito a empresa a obter os resultados. Mas o ponto mais marcante que ouvi de todos até o final do projeto foi: "Chefe, se der certo, estará conosco. Se não der, sabemos que estará mais ainda."

Em meu livro anterior, falo sobre como é fácil promover um profissional quando tudo está indo muito bem: meta batida, projeto entregue e comportamento correto. O difícil é acreditar em um profissional ou lhe dar uma segunda chance quando tudo vai mal. No entanto, é nesse momento que se constrói uma empresa fantástica, desenvolvendo e recuperando pessoas.

Independentemente de qualquer religião, vejam como Jesus escolheu seus apóstolos. Ele acreditou naquilo que eles ainda não eram. Acho muito forte isso.

Meus amigos, a força da mente é algo muito importante para a conquista de nossos sonhos e resultados. Portanto, temos de cobrar, sim, mas temos de estar juntos no momento em que os resultados não são tão bons e estamos fora de nossa zona de conforto.

Precisamos avaliar o histórico e verificar todos os detalhes. Entretanto, acredito que temos de trabalhar uma estratégia que gere confiança e segurança e pensar no princípio de se estar junto no amor e na dor.

23

O vendedor deve ganhar com a empresa

"QUANDO TODOS GANHAM JUNTOS, O RESULTADO SE TORNA SÓLIDO E PERENE."

Em uma área de vendas, aplicar o reconhecimento é gerar no vendedor o sentimento de que ele ganha com a empresa. Isso é fundamental e estratégico. É a chave para o sucesso.

Também cabe considerar que o vendedor faz conta inteligente, e não há dúvidas de que ele sempre mensurará a rentabilidade da empresa.

Um fator que julgo muito importante nesse processo é o ganho gradativo conforme a superação da meta. Ou seja, se ele faz a diferença em um processo de bons de resultados, deve haver um fator de reconhecimento que acompanhe essa entrega.

Cabe ressaltar, ainda, que ganhar com a empresa não significa apenas conceitos financeiros, mas, de alguma forma, torná-lo parte dessa empresa conforme sua dedicação e seus resultados.

Campanhas internas de rankings e destaques funcionam muito bem, pois, se bem estruturadas, se tornam um programa com praticamente custo zero e com enorme abrangência e ótima repercussão.

Brindes também podem ser uma forma de premiação bastante interessante, pois, se bem estruturado, o programa não terá encargos e ainda poderá representar algo bem significativo, personalizado pela empresa e que possa levar consigo. Será muito gratificante para o vendedor, pois não será apenas um brinde, mas, sim, um símbolo de sucesso e conquista.

Dependendo do porte e modelo de negócio da empresa, também é relevante pensar em algo que agregue participação nos resultados e que gere reconhecimento financeiro, ou realizar, de forma periódica, campanhas de premiação para alavancar algum produto ou serviço em foco, sendo possível também estudar formas dentro da legislação vigente que não gerem encargos e custos excessivos.

Em suma, o mais importante neste capítulo foi demonstrar que, a partir do momento em que o vendedor começa a fazer a diferença no negócio da empresa, ele deve ter a certeza de que estará ganhando junto com ela.

24

Comemore com seu vendedor todas as conquistas, pequenas e grandes

"COMEMORE CADA AVANÇO, MESMO QUE SEJA MÍNIMO, POIS A DIREÇÃO DO SUCESSO É A MESMA."

Em vendas, comemorar conquistas e vitórias é um fator muito importante e faz toda a diferença no resultado do trabalho. A equipe de vendas deve ter um conceito semelhante ao do esporte, pois o mercado é igual a uma arena ou campo de batalhas: comprador X vendedor X concorrência X economia.

Estando no mercado de trabalho há algum tempo, já vivenciei todos os comportamentos possíveis — líderes que não reconheciam nada e líderes que consideravam até quando a meta não era batida.

Posso garantir, então, que os que aceitavam tudo sempre são mais bem-sucedidos com suas equipes e obtêm mais resultados. O papel do líder, em qualquer nível hierárquico, é criar o hábito de reconhecimento, assim ele terá ainda mais sucesso.

Outro ponto que quero destacar é que mesmo as conquistas simples devem ser comemoradas, pois também são sinônimo de sucesso. Mesmo sendo menores, metas foram alcançadas.

Quando criamos o hábito do reconhecimento e da comemoração, geramos a energia da conquista, ou seja, a energia da vitória e a famosa geração de cultura de resultados.

Acredito muito que esse ato contínuo eleve a mente para o sucesso, e, ao fazermos isso, encaramos os maiores desafios de nossa rotina, o que, para uma equipe de vendas, é algo fundamental e de grande valor.

Outro fator importante é comemorar com seu vendedor. Quando trabalhei em um projeto, no qual a empresa sempre era reconhecida com prêmios de mercado devido a sua força em vendas e ganho de *marketshare* contínuo, com certeza existia toda uma cadeia operacional envolvida. Os prêmios eram direcionados ao mercado de forma muito mais forte no setor comercial. Com isso, esses prêmios sempre eram recebidos e acompanhados pelos vendedores. Eram considerados filhos da área de vendas.

Nesse exemplo, a empresa não tinha como processo algo que ligasse os prêmios à área de vendas. Criamos, então, algumas formas de aproximação, desde comunicados internos até o reconhecimento financeiro. Entretanto, o que dava mais resultado era fazer com que a área de vendas fizesse parte desse prêmio. O que mais surpreendeu foi dividir com eles o palco nas cerimônias. Aquilo foi matador e gerou ainda mais resultados.

Também é preciso mencionar que isso não se aplica somente à área de vendas, mas também a nossa vida pessoal. Apesar da "luta" diária com os desafios e situações adversas que a vida nos proporciona, é importante implantar a cultura de resultados, pois assim os sonhos se tornarão mais próximos e palpáveis.

25

A equipe de vendas deve ter uma retaguarda forte

"TODO PROFISSIONAL AVANÇA MAIS QUANDO TEM APOIO E SUPORTE; SE VOCÊ NÃO FOR O EXECUTOR, SEJA A RETAGUARDA."

Em se tratando de processos da área de vendas, entendo que ela se torne a primeira e a última da cadeia operacional, considerando o pós-venda como etapa final. É preciso que todos os departamentos de uma empresa direcionem seus esforços para o suporte da operação de vendas como um todo, assim, tudo aquilo que for possível ser feito para que a execução completa da venda ocorra de forma assertiva deverá acontecer com muito foco e determinação. O fluxo de vendas deverá se tornar bem "leve".

Uma das coisas que friso muito em nossos trabalhos é a importância da conexão entre as áreas nas organizações.

Em minha opinião, aí está o grande desafio das empresas: conectar suas áreas e pessoas para um único objetivo.

Tenho um amigo consultor que diz que, quando tudo está ruim, todo mundo se abraça. Mas basta vir o sucesso para que todo mundo se mate. Esse é o desafio: conectar e somar.

Algo que atrapalha muito nesse sentido de conexão tem sido o próprio comportamento humano, com suas vaidades, egos, arrogância, preconceito, concorrência interna e outros fatores similares, pois, quando essa desconexão ocorre, o concorrente vem para dentro de seu local de trabalho, e em se tratando de estratégia, a concorrência sempre deverá estar do "portão" para fora de uma empresa.

Cabe, então, ao time de liderança e à alta direção da empresa proporcionar ações diárias em suas rotinas para fortalecer suas áreas e equipes para a geração da conexão.

Quando todos se conectam, principalmente com a área de vendas, os negócios fluem, e os clientes e consumidores sentem essa força, fazendo com que a empresa e seus negócios se desenvolvam conforme os planos definidos.

Nesse sentido, a conexão com a área de vendas deve gerar fortemente essa retaguarda. Os departamentos devem manter processos e rotinas que garantam suporte e apoio, e quando ocorrer uma dificuldade na execução da venda, a empresa coloca em campo sua retaguarda para o time de vendas e faz com que o vendedor sinta-se amparado e patrocinado na resolução de qualquer problema.

É possível criar internamente um canal para esse suporte, algo que se torne um apoio emergencial assertivo, rápido, sem burocracias e que resolva qualquer entrave na execução da venda. Esse canal poderá ser criado com tecnologias e ferramentas inovadoras. Entretanto, o mais importante é a fixação dos processos e direcionamentos assertivos que chamamos de controle e gestão dos resultados.

Também cabe ressaltar que, com o desenvolvimento desse processo, a cultura de suporte e apoio será internamente fortalecida junto à área de vendas, podendo fazer dessa ação uma forte estratégia para alcançar bons resultados.

26

Vendedores têm sonhos

"PARTE DE SEU SUCESSO FOI
CONQUISTADO PELO SIMPLES
FATO SE TER SONHADO UM DIA."

Falando de estruturas e organogramas empresarias, seja a empresa de qualquer tamanho ou porte, posso afirmar que ser vendedor é o mais sonhado de todos os cargos, pois é possível observar que viver no mundo de vendas é algo bem diferente.

Entendo, então, que todas as organizações também deveriam sonhar grande com seus vendedores.

É muito comum encontrarmos no mercado empresas com missão, visão, valores e posicionamento estratégicos muito bem construídos e bem comunicados internamente, escritos até na "pedra", mas é difícil encontrarmos empresas que definam e registrem seu "sonho". Falo isso, pois até mesmo um CNPJ vive de um sonho, sendo um sonho, em minha opinião, algo grande, algo que nos faz sair da cama todos os dias e viver intensamente por esse objetivo.

Um dos grandes caminhos de sucesso de uma empresa é fazer com que todos os que nela trabalham comprem "esse sonho". Utilizo muito a frase **"faça seus funcionários comprarem seus sonhos, e seus clientes comprarão seus produtos ou serviços"**. Acredito muito nessa tese e nunca a vi dar errado.

Por conviver muito com equipes de vendas, recordo-me de que, quando iniciamos a implantação de metodologias de gestão em vendas em uma empresa, uma dessas reuniões era a de resultados, na qual se focava a disciplina e concentração. Quando entrávamos em temas de vendas futuras, eles viajavam em ideias e sugestões, e, no fundo, era possível notar que falavam com a alma, os olhos brilhavam com as ações, tudo isso porque eles sonhavam de verdade com resultados e metas.

Reforço, portanto, que as empresas devem trazer seus sonhos junto das metas para seus vendedores, pois esse é um "combustível" único e que poderá trazer resultados e objetivos muito perto da concretização.

Venda sonhos para seu vendedor, e ele os venderá para seus clientes.

27

Seja feliz vendendo e em sua vida

"**SEJA FELIZ PRIMEIRO E DEPOIS TENHA SUCESSO PROFISSIONAL, POIS ESSA SEQUÊNCIA É A CHAVE DO SUCESSO.**"

Como sempre digo e afirmo, de nada adiantará conquistar tudo na vida se no final você não estiver feliz. O importante é encontrar a felicidade.

Existe uma ideia que aprendi com um sábio amigo na qual nunca mais deixei de refletir e que confirma sua veracidade todos os dias. Ser feliz não é ter paz; paz é diferente de felicidade. Nessa linha, você pode ser feliz, mas não ter paz. Veja o exemplo do sucesso empresarial. Pode-se ter uma carreira de sucesso, tornar-se o presidente de uma grande empresa, e quando ela viver períodos de crise e queda, não se terá paz. Mas você poderá se sentir feliz, pois chegou à cadeira de presidente. Assim funciona também com carros caros. Quando você conquista o carro de seus sonhos, torna-se feliz, mas de certa forma perde a paz, por causa da insegurança, do seguro caro, da manutenção caríssima e de outros itens. Entretanto, se você encontrar a paz e, na sequência, for feliz, aí estará completo.

Outra experiência que compartilho é sobre o canto. Uma das técnicas que fazem a voz ficar mais bonita e agradável é cantar sorrindo, pois o sorriso traz alegria e felicidade. Isso é perceptível na música, no resultado final de uma gravação ou apresentação.

Funcionários felizes produzem mais, e na área de vendas, os resultados ainda se tornam mais significativos. Exemplos comprovam que vendedores felizes, alegres e com boa energia saem na frente na hora do fechamento da negociação.

Finalizando este livro, quero ressaltar mais uma vez que a principal meta a ser alcançada é a de estar de bem com a vida, é a busca por sua felicidade e a de seu próximo. Ser feliz não é para qualquer um, é somente para os vitoriosos.

Seja feliz.

Frases de destaque

"Se tiver somente 1% de chance, tenha 99% de fé."

"Uma venda muda tudo."

"Quando acreditamos, ficamos mais perto da meta/objetivo."

"Se não acredita, não acontece."

"Venda seu sonho para seu vendedor e ele venderá tudo."

"Confiança é igual à autonomia com responsabilidade."

"Vendedor feliz vende mais."

"Desafio maior, desenvolvimento maior."

"Vendedor com método é imbatível."

"Acreditar até o fim pode trazer a conquista da meta."

"Confiança gera compromisso."

"Dar autonomia requer coragem."

"O melhor profissional é que aquele em atividade."

"O limite da meta está na falta de um plano de ação."

"A falta do trabalho em equipe gera solidão profissional."

"Meta com crença é meta batida."

"Uma marca forte dá poder ao vendedor."

"Plano de vendas é igual a plano de voo."

"Processo é igual a caminho."

"Estar informado é estar equipado."

"Remuneração assertiva é a remuneração necessária."

"A inovação resolve as necessidades."

"Profissional preparado é profissional dedicado."

"Negociação é uma competência para poucos."

"Nem sempre um oponente é um inimigo."

"Poucos estão com você no fracasso, mas os verdadeiros estarão."

"Pratique o ganho em todas as esferas possíveis."

"Comemorar vitórias deve ser uma obrigação."

"Apoio significa estar junto nas conquistas e derrotas."

"O sonho gera vontade."

"Felicidade profissional está também na superação."

Fluxo do sucesso em vendas

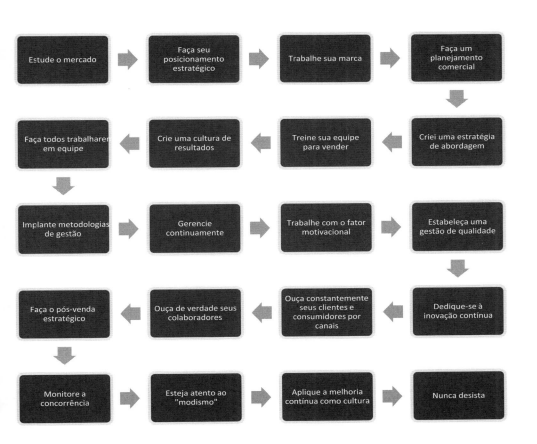

Curiosidades e informações

O surgimento da função de vendedor

1º – Escambo: era a troca de mercadorias ou serviços sem fazer uso de moeda. Quem produzia feijão trocava com quem produzia arroz, ou então trocava-se uma quantidade de alimento por animais.

2º – Surgimento do sal: SALÁRIO: do latim *salarium*, que significa pagamento com sal. Com o surgimento do sal, iniciou-se o processo de pagamento pelo trabalho, chamado de salário.

3º – Surgimento do dinheiro/moedas: o dinheiro surge para o pagamento de salário, e, com isso, surge a necessidade da troca justa de mercadorias, substituindo o processo anterior.

4º – Surgimento da função de vendedor: do campo para a cidade e da cidade para o campo, surge a função de vendedor. Com o surgimento da moeda, surge a necessidade de realização de compra e venda, nascendo, assim, a função de vendedor.

As eras das profissões

O MOMENTO EM QUE VIVEMOS
TODAS AS PROFISSÕES

ERA DA QUALIFICAÇÃO	ERA DA COMPETÊNCIA	ERA DA RESULTADO	ERA DO EMPREENDEDORISMO
Homem voltado para a qualificação profissional.	Homem voltado para o desenvolvimento de suas habilidades e competências.	Gestão por metas e desafios.	Era do conceito arrojado de empreendedor. **OPORTUNIDADE**

O MOMENTO EM QUE VIVEMOS
PROFISSÃO VENDEDOR

ERA DO ATENDIMENTO	ERA DO VENDEDOR	ERA DO CONSULTOR DE VENDAS	ERA DO HOMEM DE NEGÓCIO
Venda de balcão por atendimento; apenas era necessário servir.	Venda em campo considerando argumentação e técnicas de vendas.	Venda consultiva considerando o fornecimento de soluções para os desejos de seus clientes.	O vendedor passa a avaliar o mercado, propor oportunidades e fazer grandes vendas. **OPORTUNIDADE**

Mensagem final

Espero de coração que este livro seja útil para você, leitor. Como foi feito em meu primeiro livro, tudo aqui é muito simples, muito direto e objetivo, pois acredito que, assim, ele fique próximo da realidade diária de cada um.

Não tenho a pretensão de ensinar ninguém a fazer algo, não é esse meu foco. Quero apenas trazer à tona algumas passagens e metodologias que implementei e que foram útil. Dessa forma, entendo que, se algo colaborar com seu trabalho, estarei muito realizado.

A área de vendas é algo muito importante para uma empresa, e o vendedor é fundamental no plano estratégico. Quero com este livro trazer a conexão entre a área de vendas e toda a empresa.

Trabalhando com gestão, não poderia deixar de mostrar aqui metodologias que julgo extremamente importantes para a performance de vendas, pois o método é a chave do desenvolvimento profissional e empresarial. Não dá mais para ser competitivo no mercado sem ferramentas de gestão. Os desafios exigem, a metas requerem e a inovação necessita.

Ressalto também a importância da liderança em qualquer processo. Não há como falar em desenvolvimento sem falar em líder. Direciono também esse livro aos gestores de maneira geral, pois muita coisa aqui se aplica a qualquer área e negócio.

Deixo aqui também minha mensagem de gratidão direta ao vendedor, pois admiro demais essa função e as competências que esse cargo requer. Atrai-me muito a alma de vendedor de muitos com quem já me relacionei, destacando o quão completo esse profissional tem de ser para atingir seus objetivos.

Fecho esta mensagem trazendo o primeiro capítulo deste livro, *Acredite em seu vendedor*. Acredite que ele é a chave do negócio. Acompanhado de uma retaguarda forte e direcionada, com planejamento e metodologias, seu negócio será um grande e perpétuo sucesso.

Agradecimentos

Primeiramente a Deus, pelo ontem, pelo hoje e pelo amanhã, pois a oportunidade da vida é única. O livre-arbítrio é soberano.

A minha querida família: meus filhos, Pedro, Thayna e Lucas; minha linda esposa, Fábia; meus pais, Bejamin e Eunice; minha irmã Regiane e minha tia Berenice. A vida é um balanço: sobe, desce, anda rápido, devagar, até que um dia paramos. Mas o que vivemos com alma não para, segue para outra vida como conhecimento e sentimento.

A meu amigo irmão Makários, por viver comigo o sonho, as conquistas, as lutas, as tristezas, as decepções e, principalmente, por viver comigo o hoje, pois o importante é quem está com você agora.

Ao time GR — Gente Resultado, todos que passaram por aqui, que estão comigo e aos que virão. O sonho GR é grande, requer desenvolvimento e resultado rápido. Sabemos que isso não é fácil, mas a conquista é maravilhosa.

A minha querida amiga e excepcional profissional Carol Cecchi, por mais uma vez acreditar em meu trabalho e fazer a diferença. Tenho muita admiração, carinho e respeito por seu trabalho. Como você mesma diz, "Este livro é nosso". Obrigado mesmo, de coração!

A Silvana, uma amiga muito querida de Amparo, bairro da Forquilha. Uma pessoa única nesta vida, não somente para mim, mas para muita gente. Em uma fase muito difícil de minha vida, ela me trouxe uma nova perspectiva e um novo caminho a seguir, renovando os sonhos e a esperança, e me fez também entender e desenvolver o caminho da evolução, sendo esse caminho infinito.

A todos nossos clientes, também aos que passaram pela GR, os que estão conosco e os próximos. Juntos sempre faremos a diferença, pois nosso objetivo é o mesmo.

A todos os meus amigos. Graças a Deus, o estoque é grande. Aprendi ao longo da vida que feliz é aquele que tem histórias para contar, e para se contar histórias incríveis, é preciso viver com alma.

Agradeço também às pessoas que me presentearam com momentos e situações difíceis, pois sempre serão fundamentais. Aprendi em uma etapa de vida que, para você realizar um grande sonho, precisa se tornar uma grande pessoa, e você somente se torna uma grande pessoa passando por fases e situações complicadas na vida, indo em direção a seu sonho.

A minha amiga e eterna chefe Cris Sacca. Aprendi e continuo aprendendo muito com você. Minha admiração é grande por seu profissionalismo e por sua pessoa.

A todos os leitores do primeiro livro, *Gente Resultado — Desenvolvimento de pessoas e negócios*, pelo carinho e respeito que sempre tiveram por meu trabalho.

Aos profissionais da editora Alta Books, pelo profissionalismo, trabalho dedicado e confiança.

A todos os vendedores e profissionais de vendas com quem já me relacionei. Sou e serei eternamente um aluno de vocês.

A todas as pessoas que passaram por nossos treinamentos. Conviver com vocês é um presente único.

Muito sucesso! Excelentes vendas! Muito obrigado!

Ricardo José da Silva